Gwyddoniaeth Byw 3

Richard Gott
Gareth Price
Tony Thornley

Addasiad Cymraeg gan
Elfrys Jones

CBAC
GOMER

mewn cydweithrediad â
COLLINS EDUCATIONAL

Cyhoeddwyd dan nawdd
Cynllun Adnoddau
Cyd-bwyllgor Addysg Cymru

Gwyddoniaeth Byw 3
Addasiad Cymraeg o *Active Science 3*

Cyhoeddwyd gan Wasg Gomer, Llandysul, Dyfed,
mewn cydweithrediad â
Collins Educational, 77-85 Fulham Palace Road
Hammersmith, Llundain W6 8JB

ISBN 0 86383 843 X

Argraffiad Cymraeg cyntaf 1992

Dylunio gan Wendi Watson

Ymchwil lluniau gan Caroline Thompson

Arlunwaith gan John Booth, Jerry Collins, Gay Galsworthy, Cedric Knight, Sally Neave, PanTek Arts, Kate Shannon Darby a Marion Tasker

Cydnabyddir cymorth ariannol Ysgrifennydd Gwladol Cymru tuag at gyhoeddi'r llyfr hwn

Argraffwyd gan Wasg Gomer, Llandysul, Dyfed

Cydnabyddiaethau

Dymuna'r awduron a'r cyhoeddwyr ddiolch i'r canlynol am eu caniatâd i atgynhyrchu lluniau ar y tudalennau a nodir:

(U = uchaf, I = isaf, C = canol, Ch = chwith, D = de)

Aerofilms Ltd 17U
Allsport 37, 68U
Ancient Art & Architecture Collection 6ID, 25
Patrick Bailey 17D
Barnaby's Picture Library 58U, 90U
Bernstein Group plc 54C
Bridgeman Art Library 139
John Birdsall Photography 50, 62I
British Aerospace/Davis Gibson Advertising 60D
Old Bushmills Distillery Co Ltd 73
Derrick Warner /Llyfrgell Luniau Caeredin 54U
J. Allan Cash Ltd 20I, 62Ch, 81I, 105
Christie's 10U
Bruce Coleman Ltd 40Ch, 95Ch, 100Ch
Herman Kokojan/Black Star/Colorific! 112I
Comisiwn Coedwigaeth 101ICh
Sefydliad Cenedlaethol Brenhinol y Byddar 120
Cymdeithas Genedlaethol Gwrth-fywddyrannu 40U
ECC Group 102Ch
Mark Edwards/Still Pictures 9ID, 94Ch&ID
Vivien Fifield Picture Library 143
Galvanizers' Association 60D
GAMMA 107
GeoScience Features Picture Library 7UCh, UC, C, CD, IC, 10I, 11UCh, UC, UD, CCh, CD, ICh, ID, 14CD
Adam Ginalski 18ID
Sally & Richard Greenhill 115U
Gwasanaeth Lluniau a'r Wasg, Gwlad yr Iâ 24I
Holt Studios 95I
Hulton-Deutsch 58I
Mike Hoggett/ICCE 8C
Daisy Blow/ICCE 51Ch
Ilford Ltd 72
Impact/Andrew Moore 26D, John Arthur 42I, 102D, Mark Cator 101UD, 110I, Christopher Pillitz 110Ch, Homer Sykes 111D, 111I
Kemira Fertilisers 66I
Frank Lane Picture Agency Ltd 15ID
Landform Slides 9CCh, 15CCh, 16I, 20UD
London Fan Company 77
Fiona Marsh 30UCh, 35U&C
John Mills Photography 103
NHPA/Henry Ausloos 32D, Manfred Danegger 95U, J. Habl 101UCh, Roger Tidman 101C, Michael Leach 108Ch

NASA 130UCh
NASA/Labordy Gyriant Jet 133ID, 134, 135U
Cyngor Gwarchod Natur 100D
Network Photographers 110C&Ch, 112U
Nirex (UK) Ltd 26Ch
Omicrom Vakuumphysik GMbH 56U
Robert Opie Collection 104
Oxford Scientific Films 22D, 30UD, 34UCh, 94UD, 95C&D, 100C
Planet Earth 14U, 30I, 31, 32Ch, 34CD&I, 35D
Gareth Price 8D, 10C, 18I, 22Ch, 29Ch&C, 40I, 41, 42U, 48I, 49, 51D, 53, 56Ch,C&D, 57UD&ID, 59C&UCh, 60U, 62C, 65D, 74, 80, 81U, 86, 88, 90I, 91, 108D, 114I, 115C, 116, 120U, 124
Gorsaf Arbrofi Rothampstead 66UD
Science Photo Library 14CCh&ICh, 14/15, 45, 46, 57CU, 58D, 59I, 66UCh, 89, 114U, 118, 119, 123, 126, 129, 130C&I, 133UC&Ch, 135I, 136, 137
Roger Scruton 6ICh
Skyscan Balloon Photography 6C
Michael Spincer 75
Tony Stone Worldwide 38, 62D
Syndication International 48U
Thomas Tait & Sons Ltd 101ID
Charles Tait 6U
C. & S. Thompson 18U, 54I, 66C, 70, 93, 106, 120I
Thorn Lighting Ltd 57Ch
Trydan Niwclear ccc 27I
Arolwg Daearegol UDA 23, 24U, 29D
Cymdeithas Perthynas Ddiwylliannol ag UGGS 128
Tony Waltham 7UD,CCh,ICh,ID, 8Ch, 9C,UD,ICh, 11C&IC, 12, 14ID, 15UD, 19C, 20UCh, 97, 102U
Amgueddfa Wyddoniaeth 138
ZEFA 19U, 58Ch

Clawr
Clocwedd o'r uchaf ar y dde: Tony Stone Worldwide, Oxford Scientific Films, Tony Stone Worldwide, Laura Friar, NASA/Labordy Gyriant Jet

Cydnabyddiaethau arlunwaith
Dymuna'r awduron a'r cyhoeddwyr ddiolch i'r canlynol am eu caniatâd i atgynhyrchu addasiadau o arlunwaith ar y tudalennau a nodir.

Baillière Tindall 38U
Scientific American 113C&I
Y Guardian 113I

Cynnwys

Beth sy'n gwneud gwyddonydd da?

Mae angen gwneud gwaith mewn pum adran er mwyn bod yn llwyddiannus mewn gwyddoniaeth.

Cyfathrebu a dehongli

Cyfathrebu

Dylech allu:

- darllen tablau, siartiau cylch, siartiau bar a graffiau llinell a gwybod eu hystyr.
- dethol darnau pwysig o wybodaeth o lyfrau, cylchgronau a thaflenni gwaith.
- darganfod patrymau mewn tablau, siartiau cylch, siartiau bar a graffiau llinell.
- disgrifio'n eglur unrhyw arbrawf a wnaethoch.

Arsylwi

Arsylwi

Dylech allu:

- dethol gwybodaeth bwysig am bethau (ac anwybyddu gwybodaeth ddibwys).
- darganfod y pethau tebyg mewn grŵp o wrthrychau.
- darganfod y gwahaniaethau mewn grŵp o wrthrychau.

Cynllunio ymchwiliadau

Cynllunio

Dylech allu:

- cynllunio ymchwiliad i ddatrys problem.
- penderfynu pa offer i'w ddefnyddio.
- penderfynu pa fesuriadau i'w gwneud.
- penderfynu sut y byddai'r canlyniadau yn rhoi ateb i'r broblem.

Ymchwilio a gwneud

Ymchwilio

Dylech allu:

- penderfynu beth mae problem yn ei olygu a sut i'w datrys.
- gosod a phrofi offer addas.
- newid yr ymchwiliad os na fydd yn rhoi ateb i'r broblem.
- defnyddio'r canlyniadau i ddarganfod ateb.
- penderfynu a oes angen gwneud mwy o arbrofion i wirio eich canlyniadau.

Sgiliau sylfaenol

Sgiliau Sylfaenol

Dylech allu:

- llunio tablau o ganlyniadau.
- llunio siartiau cylch, siartiau bar a graffiau llinell.
- gwybod pryd i ddefnyddio pob gwahanol fath o graff neu siart.
- darllen offer mesur mor gywir ag sydd angen.
- dilyn cyfarwyddiadau wrth wneud arbrofion.

Byddwch yn cael digon o gyfle i ymarfer y sgiliau hyn. Mae pob cyfle i brofi sgil yn cael ei ddangos mewn blwch lliw yn y llyfr hwn.

Ystyr hwn yw bod taflen waith i gyd-fynd â'r testun.

Symbolau diogelwch

Byddwch yn gweld yr arwyddion hyn yn cael eu defnyddio yn y llyfr. Dyma eu hystyr:

PERYGL

Mae'r arwydd hwn yn eich rhybuddio bod peryglon yma. Rhaid bod yn ofalus iawn.

RHAID GWISGO SBECTOL DDIOGELWCH

Mae'r arwydd hwn yn dweud bod yn rhaid i chi amddiffyn eich llygaid trwy wisgo sbectol ddiogelwch.

GWENWYNIG

Mae'r arwydd hwn yn eich rhybuddio eich bod yn defnyddio neu yn gwneud rhywbeth gwenwynig.

Yn y gyfres *Gwyddoniaeth Byw* rydych yn ymchwilio i wyddoniaeth. Yn aml, byddwch yn cynllunio eich ymchwiliadau eich hun, ac ni allwn roi cyfarwyddiadau manwl i chi yn y llyfr hwn. Felly, mae'n bwysig eich bod chi yn rhoi sylw manwl i ddiogelwch.

Bob amser, dylech gynnwys diogelwch fel rhan o'ch cynlluniau ar gyfer ymchwilio.
Bob amser, dylech ofyn i'ch athro edrych ar eich cynlluniau cyn i chi eu gweithredu.
Bob amser, dylech sylwi'n ofalus ar y rhybuddion perygl yn y llyfr hwn.
Bob amser, dylech ddilyn y rheolau diogelwch.

Bob amser, cofiwch am ddiogelwch!

13·1 Adeiladu â cherrig

Mae pobl wedi defnyddio creigiau a cherrig i adeiladu am filoedd o flynyddoedd. Mae'r lluniau ar y dudalen hon yn dangos rhai enghreifftiau.

1 Beth yw manteision defnyddio creigiau a cherrig?

2 Beth yw'r anfanteision?

• Rhestrwch y defnyddiau a ddewiswyd i wneud eich cartref chi.

3 Pa rai o'r defnyddiau hyn sy'n gerrig ac ar gael yn naturiol?

4 Pa rai sydd wedi cael eu gwneud gan bobl?

Daeth rhai o'r cerrig a ddefnyddiwyd i adeiladu Côr y Cewri o arfordir gorllewinol Cymru. Mae hyn dros 150 km o Wastadedd Salisbury.

5 Pam y cafodd y cerrig eu cario yr holl ffordd?

Gwastadedd Salisbury, Wiltshire: Adeiladwyd Côr y Cewri dros 3000 o flynyddoedd yn ôl. ▶

Adeiladu wal gerrig sych heddiw: Deirdre Patten yw'r ferch gyntaf i fod yn Brif Grefftwraig Cymdeithas Adeiladu Waliau Cerrig Sych

▼

▲ *Orkney: hen dŷ a adeiladwyd o gerrig traeth*

Machu Picchu, Periw: adeiladwyd y wal hon gan yr Incas. Roedd eu hymerodraeth o 1100 OC i tua 1500 OC. Mae'r cerrig yn ffitio i'w ▼ *gilydd yn berffaith heb forter.*

Briciau

Pan nad yw'r defnyddiau lleol yn addas ar gyfer adeiladu, bydd pobl yn ceisio eu gwella. Briciau yw'r enghraifft orau o hyn. Caiff clai ei ffurfio'n dalpiau o'r maint a'r siâp cywir ar gyfer adeiladu. Mewn rhai gwledydd, caiff y briciau eu crasu (neu eu tanio mewn odyn).

Profi briciau ⚠️ 🥽 T

- Gwnewch friciau. Yna profwch eu cryfder. Ymchwiliwch i un o'r cwestiynau isod. Yn gyntaf, gwiriwch eich cynlluniau â'ch athro.
- **6** Pa rai yw'r cryfaf: briciau wedi eu tanio ynteu rhai heb eu tanio?

7 Sut mae cyfaint y dŵr a ddefnyddir yn effeithio ar gryfder y fricsen orffenedig?

8 Beth sydd bwysicaf wrth wneud briciau'n gryf:
—cyfaint y dŵr yn y cymysgedd gwreiddiol,
—yr amser a dreuliodd yn yr odyn?

9 Pa bethau eraill a allai effeithio ar gryfder briciau? Os yn bosibl, profwch eich syniadau.

Dosbarthu creigiau T

Edrychwch yn ofalus ar y creigiau hyn. Dosbarthwch nhw yn ddau neu dri grŵp.

Marmor

Gneiss

Amryfaen (carreg bwdin)

Carreg galch â ffosilau ynddi

Gwenithfaen

Tywodfaen

Carreg galch oölitig

Llechen

Siâl

YCHWANEGIADAU

1 Rhestrwch ddefnyddiau adeiladu. Rhowch bwrpas pob un ac eglurwch pam y caiff ei ddewis. Er enghraifft, pam y dewisir mathau arbennig o ddefnyddiau ar gyfer traffyrdd ac eraill ar gyfer waliau?

2 Mae adar yn adeiladwyr da. Bydd rhai pysgod hefyd yn adeiladu nythod. Pa anifeiliaid eraill sy'n adeiladu cartrefi? Pam? Pa broblemau mae'r adeiladwyr anifeilaidd hyn yn eu hwynebu? Sut maen nhw'n eu datrys?

Peiriant torri creigiau

Nid yw creigiau'n para am byth. Yn y pen draw, gellir torri hyd yn oed clogfeini mawr yn dywod mân. Os yw'r tywod yn cael ei gymysgu gyda defnydd organig, gellir gwneud pridd. Mae hyn yn cymryd amser hir iawn. Dim ond ychydig gentimetrau o bridd sy'n ffurfio mewn can mlynedd.

- Cynlluniwch ac adeiladwch beiriant i dorri creigiau. Dylai eich peiriant eich galluogi i gymharu cryfder gwahanol greigiau.

Sut mae creigiau'n torri

Mae'r môr wedi golchi'r clogwyn hwn i ffwrdd.

1 Beth fydd yn digwydd nesaf?
2 Sut y gallwn ni atal hyn rhag digwydd?

Mae glaw asid wedi toddi'r cerflun hwn.

3 Sut y gallwn ni ei atal rhag gwaethygu?

Mae grisialau rhew yn tyfu yn y craciau yn y creigiau hyn. Byddan nhw'n hollti'r creigiau. Gall codiad a gostyngiad tymheredd achosi mwy o niwed na rhew parhaol.

4 Pam?
5 Sut y gellir amddiffyn adeiladau cerrig rhag cael eu chwalu gan rew?

Ymosod ar greigiau

Edrychwch ar y creigiau, y cerrig a'r defnyddiau adeiladu eraill o gwmpas eich ysgol a'ch cartref. A oes unrhyw arwyddion bod rhywbeth yn ymosod ar y defnyddiau hyn (yn eu hindreulio)? Ar gyfer pob defnydd:

6 Astudiwch yr arwyneb. Ydy hwn yn feddal? Sut y gallwch chi ddweud? Ydy pob arwyneb yr un fath?

7 Ydy'r arwynebau wedi newid lliw?

8 A oes cen neu fwsogl ar yr arwynebau? Ydy pob arwyneb wedi ei orchuddio? Codwch ychydig o'r cen neu'r mwsogl yn ofalus. A oes unrhyw ddarnau wedi eu dal yn y gwreiddiau? Rhowch y mwsogl neu'r cen yn ôl a gwasgwch y cyfan yn ysgafn i'w le.

9 Ydy'r defnyddiau wedi cracio? Sawl crac a pha fath o graciau welwch chi?

Rhowch rif i bob defnydd ar raddfa o 6 (wedi ei hindreulio'n ddrwg) i 1 (prin wedi ei hindreulio o gwbl). Defnyddiwch eich canlyniadau i ateb y cwestiynau hyn.

10 Pa fathau o greigiau yw'r hawsaf i'w niweidio?

11 Pa fathau sy'n para orau?

12 Pa rannau o adeilad sydd angen y graig gryfaf?

13 Pa rannau y gellir eu gwneud o greigiau rhatach, mwy meddal?

Hindreulio ac erydu

Mae creigiau'n cael eu torri'n ddarnau llai gan y pethau o'u cwmpas. Gelwir hyn yn hindreulio. Os bydd y darnau sydd wedi eu torri yn cael eu symud oddi yno, gelwir hyn yn erydu. Meddyliwch am eich gwaith ar greigiau ac edrychwch ar y lluniau hyn.

- Rhestrwch yr holl bethau y gwyddoch chi sy'n malu (hindreulio) creigiau.
- Rhestrwch yr holl bethau y gwyddoch chi sy'n erydu creigiau (yn symud y darnau sydd wedi eu torri).

YCHWANEGIADAU

1 Pam mae cerigos ar y traeth yn aml yn llyfn a chrwn?

2 Cynlluniwch falwr craig ar raddfa fawr. Dylai eich cynllun gynnwys dull o raddio'r graig, ar ôl ei malu, yn bentyrrau o dalpiau o wahanol feintiau.

3 Pentyrrau o greigiau rhydd wedi eu hindreulio yw sgri. Gwelir nhw o dan glogwyni mewn ardaloedd mynyddig. Pam na ddylech chi gerdded ar sgri?

13·3 Mwynau a gemau

Cemegyn sydd i'w gael mewn craig yw mwyn. Weithiau mae creigiau wedi eu gwneud o gymysgedd o fwynau gwahanol. Gemau yw'r enw ar fwynau gwerthfawr. Gellir llathru gemau a'u torri i wneud gemwaith.

1 Edrychwch ar y lluniau gyferbyn. Beth sy'n gwneud mwyn yn werthfawr?

Caiff gemau drud eu torri a'u llathru i'w defnyddio fel gemwaith. Nid yw gemau llai gwerthfawr yn cael eu torri, dim ond eu llathru.

Llathru cerrig

– Gwnewch beiriant i lathru a llyfnu cerrig garw. I'ch helpu gallwch ddefnyddio powdr sgraffinio yn eich peiriant. Gallwch ddefnyddio dulliau ysgwyd, rholio neu gylchdroi. Dylech ystyried:

—faint o ysgwyd, rholio neu gylchdroi sydd ei angen,
—sut y byddwch yn gwneud peiriant sy'n gweithio am amser hir.

● Defnyddiwch eich peiriant i ymchwilio i'r problemau hyn:

2 Sut mae caledwch y mwynau yn effeithio ar yr amser sydd yn rhaid iddyn nhw ei dreulio yn y peiriant llathru?
3 Beth yw'r gorau am gyflymu llathru'r cerrig:
—cyflymu cyfradd symudiad y peiriant?
—newid ansawdd y powdr sgraffinio?

4 Beth arall allai effeithio ar ba mor hawdd y gellir llathru gemau?

Arian cynhenid

Gwerth £4 miliwn o graig!

Gwerth rhai punnoedd o graig

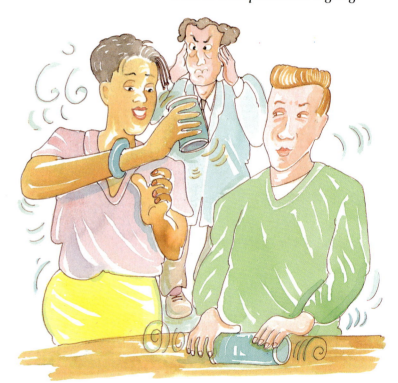

Gemau yn y graig

Grisialau yw gemau. Mae rhai gemau i'w cael mewn gwythiennau mwynau. Ffurfir y rhain wrth i ddŵr poeth o grombil y Ddaear godi trwy'r craciau yn y graig. Mae'r dŵr yn cynnwys mwynau wedi toddi. Wrth i'r dŵr godi, mae'n oeri ac mae grisialau o'r mwynau yn tyfu ar hyd ochrau'r craciau.

Gall clapiau o fetelau gwerthfawr fel aur ac arian ffurfio fel hyn hefyd.

Caiff grisialau rhai gemau eu ffurfio o graig dawdd wrth i'r graig oeri a throi'n solid. Mae gemau eraill yn ffurfio mewn creigiau sy'n cael eu newid gan wres a gwasgedd.

Adnabod mwynau

● Gwnewch allwedd ar gyfer adnabod mwynau, fel y rhai isod.

● Defnyddiwch eich allwedd i adnabod y mwynau a roddir i chi.

● A allwch chi ddarganfod unrhyw fwynau gwerthfawr yn agos at eich cartref?

Cwarts

Ffelsbar

Fflworit

Malachit

Barit

Pyrit

Gypswm

Halit

Calchit

Hornblende

YCHWANEGIADAU

1 (a) Fel arfer, mae aur i'w gael yn y ddaear ar ffurf aur pur, nid fel cyfansoddyn cemegol. Pam?
(b) Pam mai aur oedd un o'r metelau cyntaf i gael ei ddefnyddio gan bobl, er ei fod mor brin?

2 Defnyddiwch eich llathrydd gemau i ddarganfod pa fathau o gregyn môr yw'r gorau am wrthsefyll cael eu curo. Pa fathau o gregyn yw'r rhai mwyaf tebygol i bara'n hir?

3 Gwnewch restr o emau gwahanol ac yna gwnewch arolwg i ddarganfod pa rai yw'r rhai mwyaf poblogaidd, a pham.

Darganfod y plwm

Craig sy'n cynnwys metel defnyddiol yw mwyn metel. Yn anffodus, mae'r mwyn metel fel arfer yn cynnwys llawer o bethau eraill hefyd. Sut mae cael gwared o'r defnyddiau hyn a chadw'r metel?

Mae'r mwynglawdd hwn yn Ardal y Peak, Swydd Derby. Mae mwyngloddwyr yn tynnu'r mwyn metel o'r ddaear. Mae'n cynnwys carreg galch, fflworit a galena. Mwyn sy'n cynnwys plwm yw galena.

Galena

Mwynglawdd Ladywash, Eyam, Swydd Derby

Ymchwilio

Echdynnu galena ⚠️ 🥽 ☠️

Sut mae cael gwared o'r garreg galch a'r fflworit o'ch sampl? Mae galena yn llawer dwysach na fflworit a charreg galch.

- Mae'r diagramau yn dangos sut i wahanu gronynnau ysgafn a thrwm. Rhowch gynnig arni.

1. Pa un sy'n gweithio orau yn y siglydd— talpiau mawr ynteu rhai bach?

2. Sut mae'r amser i wahanu'r cymysgedd yn cael ei effeithio gan gyflymder symudiad y siglydd?

3. Pa un sy'n effeithio fwyaf ar y gwahaniad: maint y gronynnau ynteu gyflymder symudiad y siglydd?

Echdynnu'r plwm

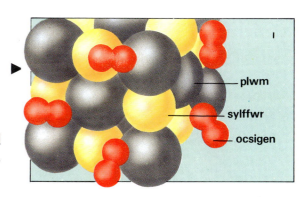

plwm
sylffwr
ocsigen

1 Enw cemegol galena yw plwm sylffid. Mae grisial plwm sylffid wedi ei wneud o filiynau o atomau plwm a sylffwr wedi eu dal yn dynn wrth ei gilydd.

Mae nwy ocsigen wedi ei wneud o filiynau o folecylau. Mae pob un yn ddau atom o ocsigen wedi eu huno. Ar dymheredd ystafell, nid yw'r molecylau ocsigen yn effeithio ar blwm sylffid.

2 Er mwyn cael metel plwm, mae'n rhaid cael gwared o'r sylffwr trwy gynhesu'r plwm sylffid. Pan maen nhw'n boeth, mae'r atomau ocsigen a sylffwr yn dirgrynu'n gyflym. Hefyd, mae molecylau ocsigen yn yr aer yn symud ynghynt.

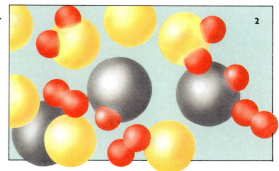

3 Os yw'r cymysgedd yn ddigon poeth, mae'r atomau plwm yn gwahanu oddi wrth yr atomau sylffwr. Maen nhw'n ymuno â'r atomau ocsigen. Gelwir hyn yn adwaith cemegol. Mae'r adwaith yn rhyddhau mwy o wres, sy'n helpu mwy o atomau i adweithio.

plwm sylffid + ocsigen → plwm ocsid + sylffwr deuocsid

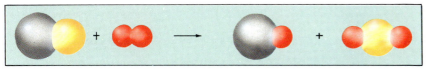

4 Yna, mae'n rhaid gwahanu'r plwm a'r ocsigen yn y plwm ocsid. Mae cynhesu'r ocsid gyda charbon yn gwneud iddo adweithio. Mae atomau carbon yn torri'r cyswllt rhwng yr atomau plwm a'r atomau ocsigen. Mae'r adwaith yn cynhyrchu nwy carbon deuocsid, gan adael plwm pur.

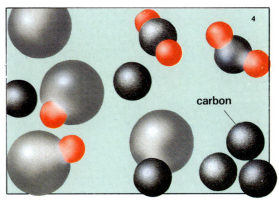

carbon

plwm ocsid + carbon → carbon deuocsid + plwm

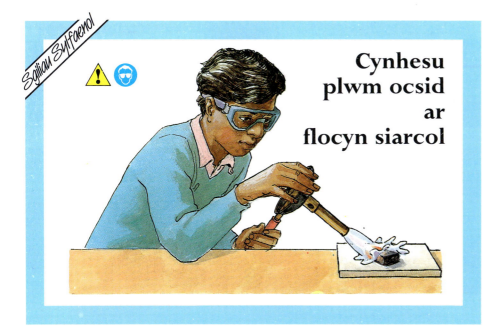

Sgiliau Sylfaenol

Cynhesu plwm ocsid ar flocyn siarcol

YCHWANEGIADAU

1 Beth yw rhai o anfanteision echdynnu mwynau metel o'r ddaear? Rhestrwch y problemau sy'n gallu codi. Gwnewch restr arall o'r ffyrdd y caiff y metel ei ddefnyddio. A allwch chi bwyso a mesur y manteision a'r anfanteision? Pwy ddylai wneud hyn?

2 Cynlluniwch beiriant i ddosbarthu metelau sgrap. Dylai allu gwahanu metelau rhad fel dur a haearn oddi wrth fetelau drutach fel alwminiwm a zinc.

Byddwn yn defnyddio dywediadau fel 'mor gadarn â chraig' i ddisgrifio rhywbeth a fydd yn para am byth. Ond pa mor gadarn yw creigiau? Ydyn nhw'n para am byth?

Afon fwdlyd yn Kenya

Cadwyn o fynyddoedd yn yr Himalaya

Creigiau rhewlifol yn Grønland

Gorynys Sinai

Ffosilau mewn carreg galch, Swydd Dorset

Creigiau'n newid

Edrychwch yn ofalus ar y lluniau ar dudalennau 14 a 15. Maen nhw'n rhoi peth gwybodaeth i ni am y ffyrdd mae creigiau'r Ddaear yn newid. Ysgrifennwch sut maen nhw'n dangos:
— rhannau o'r Ddaear yn cael eu hindreulio,
— darnau rhydd yn cael eu cario i ffwrdd,
— y darnau hynny yn cael eu gollwng yn rhywle arall,
— tywod rhydd yn cael ei newid yn graig,
— bod gwasgeddau aruthrol yn cael eu cynhyrchu yn y Ddaear,
— bod crombil y Ddaear yn ddigon poeth i greigiau ymdoddi,
— bod y Ddaear yn cynhyrchu ei gwres ei hun,
— bod rhannau o arwyneb y Ddaear yn symud oddi wrth ei gilydd neu at ei gilydd.

Llif lafa o Fynydd Etna, Yr Eidal

Ffawt mewn tywodfaen, Glannau Mersi

Twyni tywod yn Nyfed

YCHWANEGIADAU

1 Meddyliwch am leoedd rydych chi wedi ymweld â nhw neu wedi eu gweld ar y teledu neu wedi darllen amdanyn nhw. Ysgrifennwch frawddeg am bob un, lle mae:
(a) hindreulio creigiau yn digwydd
(b) tywod yn cael ei gario gan ddŵr
(c) llaid yn gwaddodi o ddŵr ac yn ymgasglu
(ch) tywod neu laid wedi cael ei newid yn graig
(d) gwasgedd aruthrol wedi plygu neu dorri haenau o graig
(dd) craig hylifol yn dod allan o'r ddaear.

2 (a) Gall y 'Ddaear fyw' fod yn broblem. Ym mhle mae gweithgaredd y Ddaear yn achosi problemau?
(b) Gall y 'Ddaear fyw' fod yn ddefnyddiol iawn. Sut? Ym mhle mae'r 'gweithgaredd' hwn yn ddefnyddiol?

Gwaith dŵr

Caiff darnau o graig eu malu mewn un lle ac yna eu symud i ardal arall. Mae gwaddod yn cael ei ffurfio mewn afonydd wrth i greigiau daro yn erbyn ei gilydd. Yna mae'r afon yn ei symud tuag at y môr.

Wrth i'r afon arafu, mae llawer o'r gronynnau y mae'n eu cario yn suddo. Gelwir y defnydd hwn yn waddod. Os yw'r dŵr yn llonydd iawn, mae'r gwaddod yn ffurfio glannau o laid neu dywod. Wrth geg yr afon gall ffurfio delta. Ble mae'r delta yn eich model?

Mae tywod wedi ei wneud o greigiau sy'n torri'n rhydd o glogwyni a thraethau creigiog. Mae'r rhain yn cael eu malu gyda'i gilydd gan y tonnau a'r llanw. Gall cerrynt y môr symud y gwaddod, y tywod a'r creigiau bach am bellteroedd.

Ymchwilio

Afon yn gweithio

- Gan ddefnyddio'r offer yn y llun, gwnewch fodel o afon. Ceisiwch weld a allwch chi ei ddefnyddio i ddarganfod ateb i rai o'r cwestiynau hyn.

1 Sut mae goledd yr afon yn effeithio ar gyflymder llif y dŵr?

2 Beth yw'r darn mwyaf o graig y mae eich afon yn gallu ei gario ar bob cyflymder?

3 Pa un sydd bwysicaf ar gyfer cario creigiau:
—cyflymder llif y dŵr?
—cyfaint y dŵr sy'n llifo?

4 Sut mae'r delta yn newid
—pan fo'r dŵr yn llifo'n gyflymach?
—pan fo'r dŵr yn llifo'n arafach?

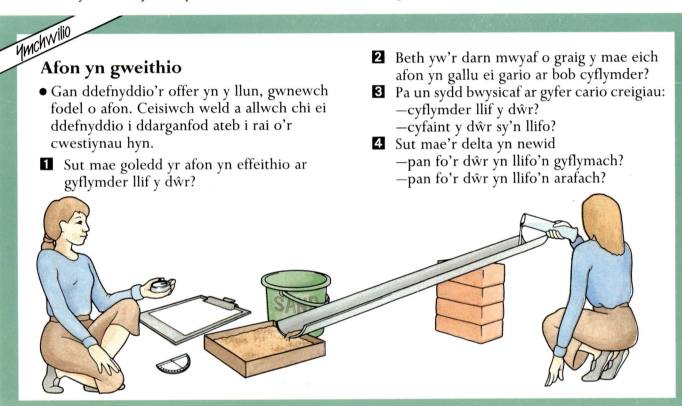

Haenau i dirluniau

Mae tywod, graean a llaid yn ffurfio haenau. Dros filiynau o flynyddoedd, mae'r haenau hyn yn caledu'n greigiau. Gelwir y rhain yn greigiau gwaddodol. Efallai y bydd rhai haenau yn galetach nag eraill. Pan fo creigiau sydd â haenau caled a meddal yn erydu, mae'r rhai meddal yn erydu'n gyflymach. Felly, mae'r haenau caled yn ymwthio allan yn ŝwy na'r haenau meddal. Gallwch weld hyn yn y llun o glogwyn yn Swydd Dorset.

Haenau caled a meddal yn y clogwyni ar draeth Bridport ▶

Golygfa dros Bont Hafren i'r de orllewin tuag at Gymru

Sut y ffurfiwyd y tir?

Edrychwch ar y llun o aber Afon Hafren.

- Ysgrifennwch gymaint ag y gallwch o wahaniaethau rhwng ardaloedd A, B, C a D.
- Eglurwch sut mae pob ardal wedi ei ffurfio dros y blynyddoedd.

A *Copa clogwyn tywodfaen ac arno orchudd da o blanhigion.*
B *Creigiau â rhywfaint o wymon yn tyfu arnyn nhw.*
C *Llaid ac arno haen o laswellt a chorsennau.*
D *Gwastadedd lleidiog heb blanhigion arno.*

YCHWANEGIADAU

Cynllunio

1 Mae cynlluniau ar waith i adeiladu morglawdd ar draws aber Afon Hafren (gweler y map). Gallai hwn gynhyrchu bron i 6% o'r holl drydan sydd ei angen ar Brydain. Byddai llwybrau pysgod a llifddorau llongau yn cael eu rhoi yn y morglawdd. Byddai'n ffurfio yr harbwr artiffisial mwyaf yn y byd. Mae rhai pobl yn dweud y bydd y gwaddod sy'n cael ei gario gyda'r afon yn llenwi'r morglawdd o fewn deng mlynedd. Mae eraill yn dweud y bydd y morglawdd yn ddefnyddiol am hanner can mlynedd. Cynlluniwch ymchwiliad i ddarganfod pwy sy'n gywir.

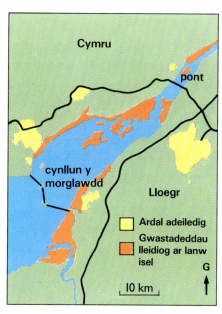

Safle'r cynllun morglawdd yn aber Afon Hafren. Byddai dŵr yn llifo trwy dyrbinau i gynhyrchu trydan.

2 Gallwch wneud 'cacennau' â haenau meddal a chaled o dywod a phlaster. Gwnewch rai o'r modelau hyn a cheisiwch eu hindreulio â dŵr yn llifo. Darganfyddwch pa ffurfiau tir sy'n cael eu gwneud pan fo glaw a thywydd yn ymosod ar leoedd lle mae:
—yr haenau yn llorwedd,
—yr haenau wedi cael eu goleddu fel eu bod yn fertigol.

3 Mae'n debyg eich bod wedi gweld groinau (fel ffensys pren cryf) ar draeth. Pam maen nhw wedi cael eu hadeiladu? Pam mae'r traeth yn uwch ar un ochr na'r llall? Sut mae hyn yn helpu i egluro gwaith y groinau?

Groinau ar draeth graean

17

Golygfa o Afon Wear o'r bont droed yn Durham

Durham

Gall afon dorri trwy graig. Mae'n cymryd amser hir ond gall dŵr falu hyd yn oed y creigiau caletaf. Edrychwch ar y llun a'r map o Durham. Disgybl sydd wedi llunio'r map.

● Eglurwch sut mae Afon Wear wedi newid ffurf y tir dros filiynau o flynyddoedd. Defnyddiwch y wybodaeth ar y dudalen hon i'ch helpu.

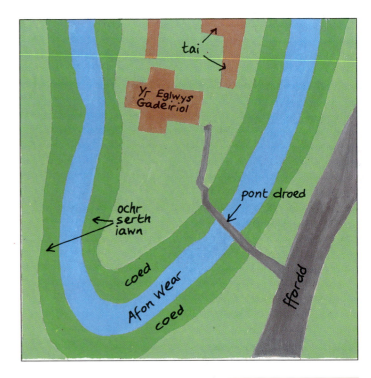

Ronda

Y cylch teirw enwog yn Ronda yw'r hynaf yn Sbaen. Mae'r dref wedi ei hadeiladu ar y naill ochr a'r llall i geunant. Dim ond un bont sy'n cysylltu'r ddwy ran. Mae afon fechan yn llifo trwy'r ceunant.

▲ *Golygfa gyffredinol o Ronda, Sbaen*

◀ *Mae'r lluniau ar y chwith yn dangos tai wedi eu hadeiladu ar ymyl y ceunant a golygfa o'r afon oddi ar y bont.*

- Lluniwch fraslun o fap wedi ei seilio ar y lluniau o Ronda.
- Cofiwch gynnwys labeli sy'n egluro sut mae'r ceunant wedi datblygu dros y blynyddoedd.
- Ydy'r tai ar ymyl y ceunant mewn unrhyw berygl?

Rhewlif

Afonydd o rew yw rhewlifau. Gallan nhw hefyd dorri trwy greigiau a chloddio dyffrynnoedd dwfn. Tua 20 000 o flynyddoedd yn ôl roedd y rhan fwyaf o Brydain wedi ei gorchuddio â rhewlifau. Dyma'r oes iâ fawr olaf. Bu llawer oes iâ cyn hynny. Efallai y bydd un arall.

- Lluniwch gyfres o bedwar diagram. Dylen nhw ddangos sut mae'r dyffryn yn y llun isaf wedi ei ffurfio o dir gwastad. Bydd yn rhaid i bob diagram gynrychioli oes wahanol yn hanes y Ddaear.

Rhewlif Aletsch, Y Swistir

Nant Ffrancon, Gwynedd, dyffryn wedi ei ffurfio gan rewlif

YCHWANEGIADAU

1 Edrychwch ar y tirlun o gwmpas eich ysgol. A allwch chi ddarganfod unrhyw dystiolaeth o erydiad? Lluniwch fapiau a brasluniau i ddangos yr hyn dybiwch chi sydd wedi digwydd yn y gorffennol.

2 (a) Pa wahaniaethau allwch chi eu gweld rhwng dyffryn wedi ei ffurfio gan rewlif a dyffryn wedi ei ffurfio gan afon?

(b) A oes rhai pethau'n debyg?

Plygiadau

Roedd yr haenau o graig wedi sefydlogi trwy waddodiad. Roedd grymoedd yn y Ddaear yn gwthio ar yr haenau gan achosi iddyn nhw grychu fel papur.

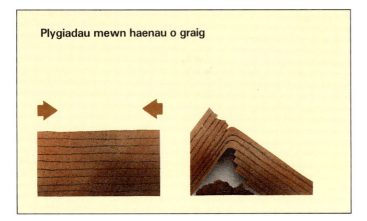

Ffawtiau

Mae rhan o'r gramen wedi llithro. Gelwir hyn yn ffawt. Mae'r haenau craig wedi eu rhwygo a'u haildrefnu.

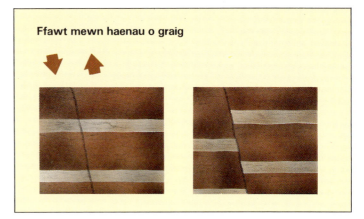

Ingleborough

Mae arwyneb y Ddaear yn symud o hyd. Mae'r symudiadau hyn, fel arfer, yn rhy araf i'w gweld. Dim ond gweld eu heffeithiau yng nghreigiau cramen Ddaear a wnawn ni.

Mae'r llun yn dangos Ingleborough, bryn yn Swydd Efrog. Mae wedi ei ffurfio dros filiynau o flynyddoedd gan waddodiad, plygiadau, ffawtiau ac erydiad. Mae'r lluniadau ar y dudalen gyferbyn yn dangos yr hyn, yn ein barn ni, a ddigwyddodd.

▼ *Ingleborough, Gogledd Swydd Efrog*

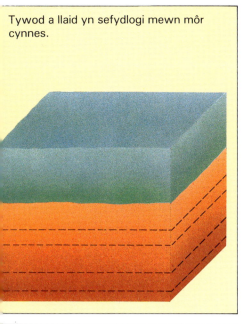

Tywod a llaid yn sefydlogi mewn môr cynnes.

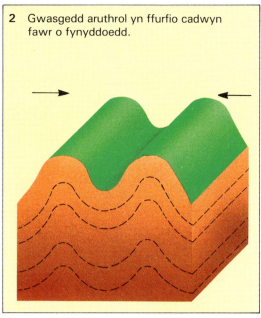

2 Gwasgedd aruthrol yn ffurfio cadwyn fawr o fynyddoedd.

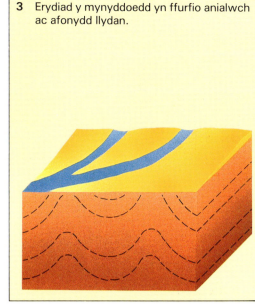

3 Erydiad y mynyddoedd yn ffurfio anialwch ac afonydd llydan.

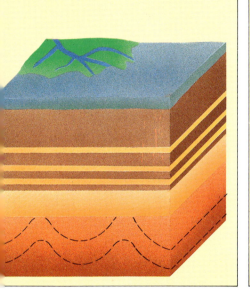

Yr anialwch wedi ei orchuddio gan fôr a channoedd o fetrau o waddod.

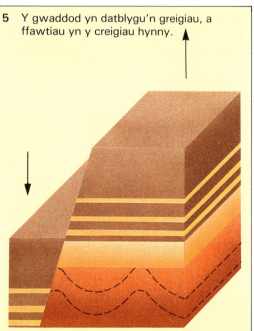

5 Y gwaddod yn datblygu'n greigiau, a ffawtiau yn y creigiau hynny.

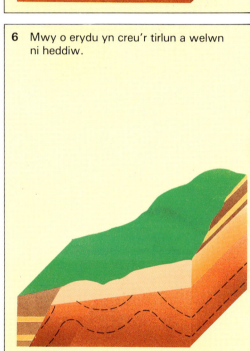

6 Mwy o erydu yn creu'r tirlun a welwn ni heddiw.

Cyfathrebu

Hanes Ingleborough

● Ysgrifennwch hanes Ingleborough. Dylech egluro beth sydd wedi digwydd i ffurf y tirlun. Rhowch y newidiadau yn y drefn gywir. Dylai'r lluniau uchod eich helpu. Yn eich adroddiad defnyddiwch y geiriau canlynol:

—gwaddodiad   —erydiad
—plygiadau   —ffawtiau
—hindreulio

---

1 Dychmygwch eich bod yn chwilio am weddillion creaduriaid môr. Ym mhle y byddech chi fwyaf tebygol o'u darganfod? Dewiswch haen o'r lluniadau uchod.

2 Ysgrifennwch hanes eich ardal chi. Defnyddiwch fapiau a llyfrau i ddarganfod cliwiau ynglŷn â'r hyn ddigwyddodd.

3 Beth fydd yn digwydd nesaf i Ingleborough? Lluniwch y seithfed llun i'w ychwanegu at y gyfres uchod. Eglurwch yr hyn y byddech yn disgwyl ei weld, a pham.

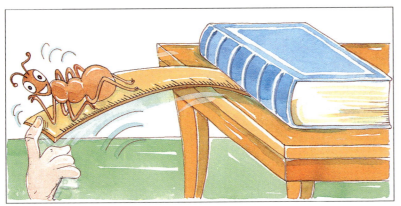

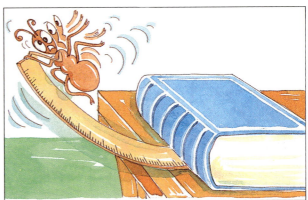

Dychmygwch forgrugyn yn eistedd ar flaen pren mesur ar ymyl desg. Mae'n ddiogel tra ydych chi'n plygu'r pren mesur, ond pan fyddwch chi'n ei ollwng . . .

Mae daeargryn yn debyg i hyn. Mae craciau, sef ffawtiau, ar arwyneb y Ddaear. Mae creigiau yn rhwbio yn erbyn ei gilydd ar hyd y ffawtiau hyn. Ar y dechrau, mae'r creigiau'n plygu ac ymestyn. Yn y diwedd ni allan nhw blygu rhagor. Maen nhw'n torri ac yn symud i safleoedd newydd.

Ymchwilio

Canfod daeargrynfeydd

- Peiriant i ganfod symudiadau yn y Ddaear yw seismomedr. A allwch chi gynllunio un? Gallech ddechrau â model sy'n gallu canfod dirgryniad ar hyd mainc labordy. Bydd yn rhaid i chi ystyried:
  —sut i greu dirgryniad
  —sut i ganfod dirgryniad
  —sut i fesur y dirgryniad.

Edrychwch ar y lluniau hyn. Efallai y byddan nhw'n rhoi syniadau i chi. Byddwch yn ofalus rhag gwneud niwed i'r fainc!

Gwylio cofnodion seismomedr yn Seattle, UDA

Pan fyddwch yn meddwl bod gennych gynllun da:

- Profwch eich seismomedr. Gan bwy mae'r gorau?
- A yw'r arwyneb y mae arno yn gwneud gwahaniaeth?
- **1** Ydy tonnau daeargryn yn teithio'n well trwy bren ynteu trwy garreg?

San Francisco, California, 1906

Dyfyniadau gan bobl a oroesodd y ddaeargryn yn San Francisco ym 1906 yw'r isod.

' Parhaodd y sioc cyntaf am fwy na munud a gwelais fy nghartref yn cwympo fel pecyn o gardiau. '

' Torrodd y brif bibell nwy a gallaf gofio clywed hisian nwy yn gollwng gan ddisgwyl iddo danio unrhyw funud. '

' Roedd pobman yn ysgwyd. Allwn i ddim edrych arno. Caeais fy llygaid a gweddïo am gael marw. '

' Dw i'n meddwl mai'r ail sioc oedd y gwaethaf. Nid oedd mor fawr ond roedd yn dinistrio pob gobaith bod y cyfan drosodd. Hyd yn oed ar ôl y trydydd sioc ni allwn gredu ei fod wedi gorffen. Sylwais fy mod yn dal fy ngwynt yn disgwyl am y cryndod nesaf. '

' Roedd y prif bibelli dŵr wedi eu rhwygo. Mewn rhai lleoedd roedd dŵr yn colli ar hyd y stryd ac mewn lleoedd eraill doedd dim diferyn. '

' Y dociau ddioddefodd fwyaf. Roedden nhw wedi eu hadeiladu ar ryw fath o glai meddal. Cafodd ei droi'n hylif gan y ddaeargryn. Roeddwn i'n falch fy mod i'n byw ar graig solid y bryniau. '

' Y tanau oedd fy nghof gwaethaf i. Roedden nhw'n llosgi a llosgi ac ni allem wneud dim i'w hatal. Hyd yn oed pan oedd yr injan dân yn cyrraedd, yn aml doedd dim dŵr ar gael. Yn y diwedd, roedden nhw'n ffrwydro'r adeiladau â dynameit er mwyn ceisio creu bwlch yn y tân. '

YCHWANEGIADAU

1 Cynlluniwch dŷ sy'n wrth-ddaeargryn. Defnyddiwch y tudalennau hyn a'ch synnwyr cyffredin i ddarganfod yr adeiledd gorau posibl. Yn eich cynllun, eglurwch yn union pam eich bod wedi adeiladu'r tŷ fel hyn a pha ddefnyddiau y byddech yn eu dewis.

Cyfathrebu

Argyfwng!

Dychmygwch eich bod yn gyfrifol am y gwasanaethau achub mewn daeargryn. Ysgrifennwch gynllun gweithredu mewn argyfwng.
—Beth fyddech chi'n ei wneud?
—Pa offer fyddai ei angen arnoch?
—Beth fyddai'r peryglon mwyaf?

Mynydd St Helens: echdoriad 1980

Llosgfynydd a echdorrodd ym mis Mai 1980 yw Mynydd St Helens. Ffrwydrodd gan daflu llwythi o bowdr lludw i'r awyr. Roedd peth o hwn yn saethu mor uchel i'r atmosffer fel ei fod yn cael eu chwythu am fwy na 1000 km cyn disgyn yn ôl i'r ddaear eto. Roedd lled y crater ar ôl y ffrwydrad dros 3 km.

Heimaey, Gwlad yr Iâ: echdoriad 1973

Mae Gwlad yr Iâ yn ynys fawr wedi ei gwneud yn gyfan gwbl o greigiau llosgfynyddoedd. Mae nifer o losgfynyddoedd byw yno ac mae rhai o'r rhain yn rhyddhau lafa wrth iddyn nhw echdorri. Mae'r llun yn dangos lafa'n llifo.

1 Beth gellir ei wneud i ddiogelu'r dref sy'n is i lawr y mynydd?

POMPEII—WEDI EI CHADW MEWN LLUDW

Roedd Pompeii yn dref Rufeinig hyfryd yn ne'r Eidal. Roedd ganddi holl gyfleusterau gwareiddiad; fforwm canolog, llyfrgell, baddonau cyhoeddus a thoiledau, hyd yn oed carchar a heddlu.

Uwchben y dref roedd llosgfynydd marw Vesuvius.

Fodd bynnag, o fewn 24 awr roedd yr holl dref a llawer o'i phobl wedi eu dinistrio. Nid oedd llosgfynydd Vesuvius wedi marw. Yn gynnar yn y bore ar 24 Awst, 79 OC, roedd wedi dechrau echdorri. Roedd lludw yn cael ei saethu filoedd o fetrau i'r awyr ac yna'n disgyn yn araf fel eira du ar strydoedd Pompeii. Roedd y cymylau lludw yn cuddio'r Haul. Mae'n siŵr bod y bobl a oedd yn deffro i sŵn y llosgfynydd yn echdorri, wedi meddwl bod diwedd y byd wedi dod. O fewn oriau roedd y dref at ei phengliniau mewn lludw, ac roedd mwy yn disgyn drwy'r amser.

Roedd rhai creigiau cymaint â'ch dwrn yn disgyn o'r awyr. Roedd hyd yn oed ceisio dianc trwy'r strydoedd tywyll yn

Cast plaster o ferch ifanc wedi ei chladdu yn y lludw

Cyfathrebu Dychmygwch eich bod yn ohebydd papur dyddiol ym Mhompeii. Y dyddiad yw 24 Awst, 79 OC. Cewch eich deffro gan sŵn ffrwydrad cyntaf y llosgfynydd.

Y gylchred creigiau

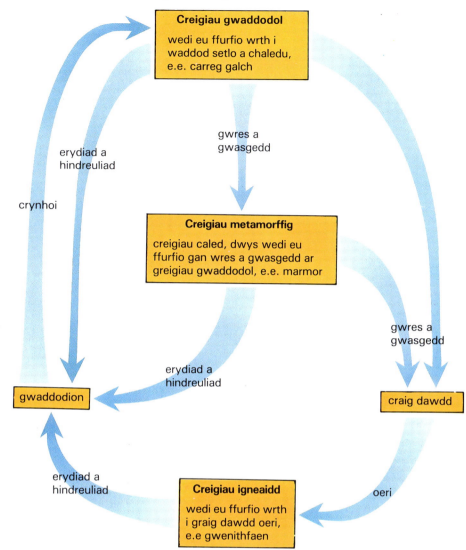

Creigiau gwaddodol
wedi eu ffurfio wrth i waddod setlo a chaledu, e.e. carreg galch

gwres a gwasgedd

erydiad a hindreuliad

crynhoi

Creigiau metamorffig
creigiau caled, dwys wedi eu ffurfio gan wres a gwasgedd ar greigiau gwaddodol, e.e. marmor

gwres a gwasgedd

erydiad a hindreuliad

gwaddodion

craig dawdd

erydiad a hindreuliad

oeri

Creigiau igneaidd
wedi eu ffurfio wrth i graig dawdd oeri, e.e gwenithfaen

Cast plaster o gi gwarchod wedi ei ddal yn pendwmpian

beryglus. Roedd y llosgfynydd hefyd yn rhyddhau nwyon gwenwynig oedd yn cynnwys sylffwr.

Drannoeth, dim ond atgof oedd y dref. Roedd wedi ei gorchuddio'n llwyr â lludw ac wedi peidio â bod.

Ysgrifennwch adroddiad ar gyfer eich papur. Defnyddiwch y wybodaeth uchod ac unrhyw beth arall a wyddoch am losgfynyddoedd i'ch helpu.

Mewn rhai rhannau o gramen y Ddaear, mae creigiau yn cael eu gwthio o dan greigiau eraill. Gall y creigiau hyn sydd wedi eu claddu ddechrau ymdoddi o dan effaith y gwres a'r gwasgedd. Efallai y bydd y creigiau tawdd yn codi i'r wyneb eto yn rhywle arall.

2 Ym mhle ar y Ddaear mae craig dawdd yn dod i'r wyneb?

3 Pam mae'r diagram uchod yn cael ei alw'n gylchred? Eglurwch sut y gall craig igneaidd gael ei newid trwy bob un o'r mathau eraill o graig, ac yn ôl yn igneaidd eto, ymhell i ffwrdd.

YCHWANEGIADAU

1 (a) Cynheswch ychydig o gŵyr cannwyll yn araf hyd nes iddo ymdoddi. Tywalltwch ef ar arwyneb oer (sleid microsgop neu deilsen wydr). Pa ffurf mae'n ei gymryd?
(b) Gwnewch yr un arbrawf â chŵyr cannwyll sy'n llawer poethach. (Byddwch yn ofalus iawn!)
(c) Defnyddiwch ganlyniadau eich arbrawf i ddangos sut mae lafa yn rheoli siâp llosgfynyddoedd.

2 Darganfyddwch ym mhle mae'r rhan fwyaf o losgfynyddoedd a daeargrynfeydd i'w cael. A allwch chi egluro unrhyw batrwm a welwch?

Gwastraff lefel isel

Dim ond ychydig o ymbelydredd sydd mewn gwastraff lefel isel. Mae'n cynnwys dillad gwaith wedi eu defnyddio, darnau o beiriannau ymbelydrol a defnyddiau lapio sylweddau ymbelydrol. Er 1959, mae'r gwastraff wedi cael ei gladdu yn Drigg, Swydd Cumbria. Mae'n rhaid i'r gweithwyr wisgo dillad arbennig, menig rwber, a defnyddio synnwyr cyffredin wrth ei drafod. Gall gymryd hyd at 300 mlynedd i'r ymbelydredd ostwng i lefelau diogel.

Gwastraff lefel isel sy'n ymddangos yn ddigon diniwed mewn cynhwysydd dur dwbl. Bydd hwn yn cael ei selio cyn ei storio.

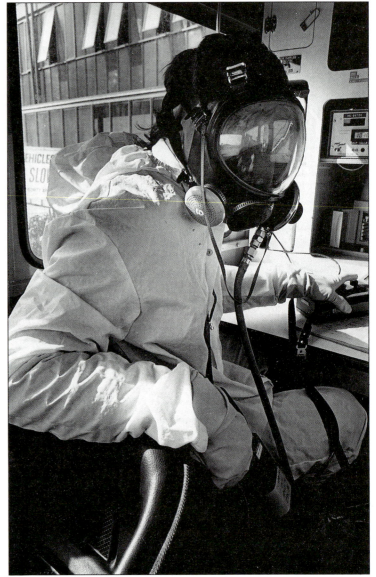

Dillad diogelu rhag ymbelydredd. Byddant yn cael eu taflu wedyn fel gwastraff lefel isel.

Gwastraff lefel ganolig

Mae hwn yn 1000 gwaith mwy ymbelydrol na gwastraff lefel isel. Daw'r rhan fwyaf o adweithyddion niwclear. Mae'n cynnwys caniau metel a oedd yn dal tanwydd niwclear, darnau o waith metel ac amrywiol fathau o gemegion a ddefnyddir mewn adweithyddion. Ar hyn o bryd caiff ei gynhyrchu mewn rhyw 20 o wahanol ganolfannau, a'i storio yn y man lle mae'n cael ei gynhyrchu. Gobeithir adeiladu safle gwaredu ar gyfer y gwastraff er mwyn gallu ei daflu a'i adael am byth. Bydd hwn yn safle tanddaearol, o dan wely'r môr, efallai. Bydd y gwastraff yn cael ei selio mewn cynwysyddion metel cyn ei daflu.

Gwastraff lefel uchel

Mae hwn yn wastraff crynodedig iawn sy'n cael ei gynhyrchu o rodenni tanwydd mewn adweithyddion niwclear. Mae'n cynhyrchu gwres ac mae'n rhaid ei gadw mewn baddon o ddŵr. Bydd yn rhaid i'r gwastraff aros yno am o leiaf hanner can mlynedd. Ar ôl hyn, gellir ei wneud yn flociau gwydr. Bydd y blociau hyn wedyn yn cael eu selio mewn cynwysyddion metel a'u taflu, mae'n debyg, i geudyllau tanddaearol. Byddan nhw'n ymbelydrol am tua 250 000 o flynyddoedd. Rhan fechan iawn o'r gwastraff yw'r gwastraff lefel uchel ond, wrth ei greu, cynhyrchir llawer o wastraff canolig ar yr un pryd.

Pa greigiau ddylai storio gwastraff niwclear? T

Rhaid rhwystro gwastraff niwclear rhag gollwng i'r amgylchedd. Rhaid ei storio'n ddiogel am filoedd o flynyddoedd. Mae cynwysyddion, a ddylai fod yn ddiogel, wedi cael eu cynllunio a'u hadeiladu. Beth a allai achosi iddyn nhw ollwng? Y brif broblem yw dŵr.

Gall dŵr achosi i bron bob metel gyrydu. Mae rhai creigiau yn caniatáu i ddŵr lifo trwyddyn nhw'n hawdd. Gallai'r dŵr gyrydu'r cynhwysydd a gadael i'r gwastraff ollwng ohono. Os bydd y dŵr yn codi i'r wyneb, bydd y perygl hyd yn oed yn fwy.

Mae symudiad dŵr trwy greigiau yn dibynnu ar ddau beth: hydreiddedd y graig a'r graddiant hydrolig.

Mae'r hydreiddedd yn fesur o'r llefydd gwag rhwng y gronynnau microsgopig sy'n rhan o adeiledd y graig. Mae creigiau â bylchau mawr (hydreiddedd uchel) yn dueddol i ganiatáu i ddŵr symud yn hawdd. Mae creigiau sydd â llawer iawn o graciau neu ffawtiau hefyd yn caniatáu i ddŵr lifo'n hawdd.

Y graddiant hydrolig yw'r gwahaniaeth rhwng uchder tarddiad y dŵr a phen ei daith. Mae dŵr bob amser yn llifo i lawr a pho fwyaf serth y goledd, cyflymaf y bydd yn llifo. Gallai hyn fod yn ddefnyddiol. Gallech osod storfa gwastraff niwclear mewn man lle byddai'r dŵr yn cario'r gwastraff, pe bai'n gollwng, i lawr trwy'r creigiau ymhellach o'r arwyneb.

1 Beth arall a allai achosi problemau i storfa danddaearol?

Llif dŵr o'r ddaear trwy'r creigiau

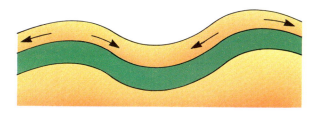

→ llif dŵr

□ craig athraidd

▬ safle gwaredu gwastraff

□ craig anathraidd

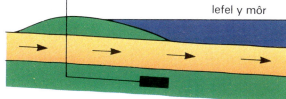

lefel y môr

Dewis safle

- Ysgrifennwch adroddiad sy'n dangos ym mhle y dylid taflu'r gwastraff. Rhowch resymau am ddewis y safle arbennig hwnnw.

2 Ym mhle y byddech chi'n taflu gwastraff niwclear?
3 Ym mhle mae creigiau addas?

4 Ym mhle mae'r rhan fwyaf o'r gwastraff yn cael ei gynhyrchu?
5 Pa mor hawdd yw'r dasg o symud y gwastraff i'r safle gwaredu?
6 Petai damwain yn digwydd, faint o bobl a fyddai mewn perygl?
7 A oes unrhyw ardaloedd sy'n arbennig o hardd, neu'n hawdd i'w difetha?

YCHWANEGIADAU

1 Beth yw peryglon gwastraff ymbelydrol? Defnyddiwch eich llyfrgell i ddarganfod pam mae angen cadw'r gwastraff hwn oddi wrth bethau byw.

2 Trefnodd Rheilffyrdd Prydain a'r diwydiant niwclear ddamwain brawf rhwng trên mawr yn teithio ar 160 m.y.a., a chynhwysydd. Ni allai'r gwyddonwyr ddarganfod unrhyw graciau yn y cynhwysydd. Pa mor ddefnyddiol oedd y prawf?

Cynllunio

3 Dychmygwch fod cynhwysydd wedi gollwng ar ôl ei gladdu. Cynlluniwch ymchwiliad i ddarganfod pa mor gyflym mae'r gwastraff ymbelydrol yn llifo trwy'r creigiau.

Profi cynhwysydd gwastraff ymbelydrol mewn damwain brawf

14 GOROESI

14·1 Dinosoriaid

Does neb erioed wedi gweld dinosor ond mae pob plentyn yn gwybod sut greadur yw dinosor. Mae un yn bron pob ffilm sy'n sôn am bobl Oes y Cerrig.

1 Pam mae hyn yn anghywir?

Mae'r cyfan a wyddom am ddinosoriaid wedi ei ddarganfod o ychydig o esgyrn a dannedd. Dros gyfnod o amser, mae'r darnau caled hyn wedi newid i fod yn fath o graig. Yn y pen draw maen nhw'n edrych bron yn union yr un fath â'r garreg y maen nhw'n cael eu darganfod ynddi. Gelwir y gweddillion hyn yn ffosilau.

Mae angen gwaith ditectif manwl i roi'r jig-so at ei gilydd. Yn aml, mae darnau o'r jig-so ar goll ond yn y diwedd gall arwain at fodel o'r dinosor. Mae cymharu'r model ag anifeiliaid cyfoes hefyd yn help i ddangos i ni sut roedd y creaduriaid hyn yn byw. Ond dyfalu yw'r cwbl.

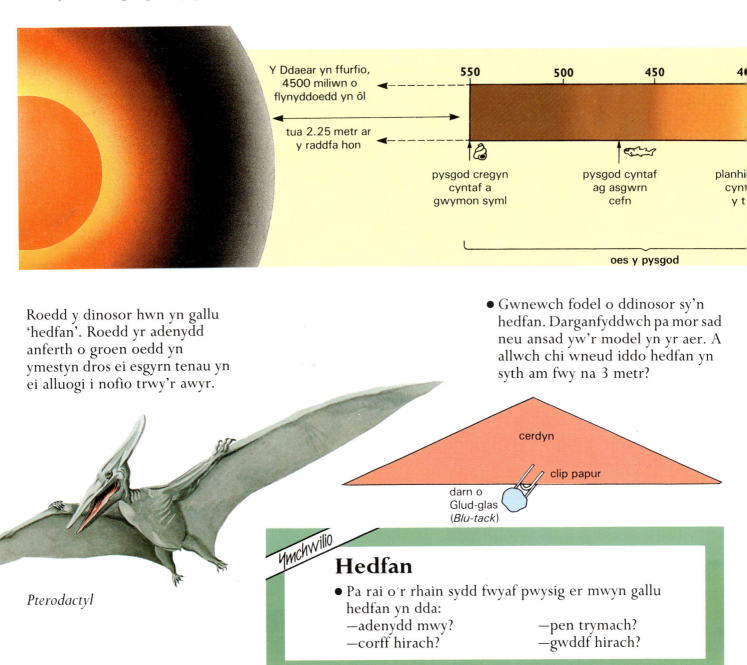

Y Ddaear yn ffurfio, 4500 miliwn o flynyddoedd yn ôl

tua 2.25 metr ar y raddfa hon

550   500   450   4

pysgod cregyn cyntaf a gwymon syml

pysgod cyntaf ag asgwrn cefn

planhi cyn y t

oes y pysgod

Roedd y dinosor hwn yn gallu 'hedfan'. Roedd yr adenydd anferth o groen oedd yn ymestyn dros ei esgyrn tenau yn ei alluogi i nofio trwy'r awyr.

Pterodactyl

● Gwnewch fodel o ddinosor sy'n hedfan. Darganfyddwch pa mor sad neu ansad yw'r model yn yr aer. A allwch chi wneud iddo hedfan yn syth am fwy na 3 metr?

cerdyn

clip papur

darn o Glud-glas (*Blu-tack*)

Ymchwilio

Hedfan
● Pa rai o'r rhain sydd fwyaf pwysig er mwyn gallu hedfan yn dda:
  —adenydd mwy?   —pen trymach?
  —corff hirach?   —gwddf hirach?

Cliwiau ffosil 1

- Darganfyddwch gymaint ag y gallwch am y dinosor a adawodd y ffosilau hyn. Ceisiwch ddefnyddio'r holl gliwiau.

▲ *Penglog dinosor*

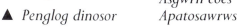

Asgwrn coes ▶
Apatosawrws

▲ *Ôl traed wedi eu ffosileiddio yw'r rhain. Gallant ffurfio wrth i greadur gerdded trwy laid meddal. Mae'r llaid yn sychu a chaledu yn fath o ffosil.*

2 Beth oedd ei fwyd?
3 Beth oedd ei faint?

4 A oedd yn cerdded ar ddwy goes neu ar bedair?

5 A oedd yn llusgo ei gynffon ar y llawr ynteu'n ei chodi?

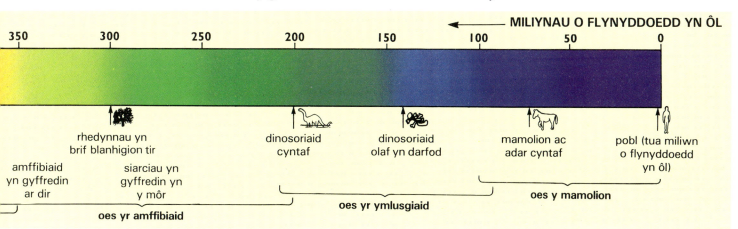

MILIYNAU O FLYNYDDOEDD YN ÔL ←

| 350 | 300 | 250 | 200 | 150 | 100 | 50 | 0 |

rhedynnau yn brif blanhigion tir

dinosoriaid cyntaf

dinosoriaid olaf yn darfod

mamolion ac adar cyntaf

pobl (tua miliwn o flynyddoedd yn ôl)

amffibiaid yn gyffredin ar dir

siarciau yn gyffredin yn y môr

oes yr amffibiaid

oes yr ymlusgiaid

oes y mamolion

Diwedd y dinosoriaid

Yn y diwedd, bu farw'r dinosoriaid. Erbyn 140 miliwn o flynyddoedd yn ôl dim ond ychydig fathau oedd ar ôl ac yna diflannodd y rhain hefyd.

Beth achosodd i'r dinosoriaid fethu? Nid oes neb yn gwbl siŵr, ond dyma rai syniadau.

—Newidiodd yr hinsawdd yn sydyn. Ni allai'r dinosoriaid ymdopi.
—Ymddangosodd clefyd a oedd yn diddymu'r dinosoriaid.

—Roedd mamolion yn datblygu ac yn bwyta wyau'r dinosoriaid.
—Mae rhai pobl yn dweud na wnaeth y dinosoriaid ddarfod. Fe newidion nhw (esblygu) yn fathau eraill o anifeiliaid dros nifer o genedlaethau: adar neu ymlusgiaid.

- Dewiswch y syniad sydd fwyaf tebygol yn eich barn chi. Ysgrifennwch adroddiad manwl ar yr hyn oedd yn digwydd wrth i'r dinosoriaid ddarfod.

6 Beth allai achosi i'r hil ddynol ddarfod?

YCHWANEGIADAU

1 Dychmygwch fod dinosor wedi ei ddarganfod mewn rhew a bod gwyddonwyr yn gallu ei adfywio. A ddylen nhw wneud hyn? Pa syniadau newydd am ddinosoriaid allen nhw eu cael o un byw?

2 Gadawodd y dinosoriaid ddarnau o ddannedd ac esgyrn, ac olion traed. Beth fydd yn weddill os bydd yr hil ddynol yn darfod? Beth fydd y creaduriaid a ddaw ar ein hôl yn ei wneud â'r cliwiau hyn?

3 Ceisiwch gasglu gwybodaeth am unrhyw greadur sydd wedi darfod yn ddiweddar. Beth achosodd i'r dodo farw? Neu'r mamoth blewog? Neu'r teigr sabr-ddant?

29

Mae'r jiraff yn byw yng nglaswelltiroedd sych Affrica. Mae'n bwyta dail rhai o'r coed yno.

Arsylwi

Addasu

- Rhestrwch y pethau sydd eu hangen ar anifeiliaid er mwyn goroesi.
- Rhestrwch y pethau sydd eu hangen ar blanhigion er mwyn goroesi.
- Edrychwch ar yr anifeiliaid a'r planhigion hyn. Nodwch sut mae pob un wedi addasu er mwyn goroesi.

Mae'r llyffant saeth yn wenwynig i unrhyw beth sy'n ei fwyta.

Mae'r cactws hwn yn byw mewn ardaloedd sych. Nid oes ganddo ddail ac mae ei groen yn gryf fel lledr. Anaml y mae'n blodeuo—fel arfer ar ôl cawod o law.

Mae'r pysgodyn genweirio yn byw ar wely rhai o'r moroedd dyfnaf. Mae'n bwyta pysgod eraill. Mae'r rhain yn brin iawn ar y dyfnder lle mae'r pysgod genweirio yn byw.

Hedyn yw cneuen goco. Mae'n arnofio mewn dŵr yn eithaf da. Mae palmwydd cnau coco i'w gweld ar bron bob ynys yn ne'r Cefnfor Tawel.

Mae'r teigr Indiaidd yn un o'r helwyr harddaf yn y byd. Mae bron wedi darfod erbyn hyn.

Yr amgylchedd yn newid

Mae pob peth byw wedi addasu i'w hamgylcheddau. Maen nhw'n ymgartrefu lle bynnag maen nhw'n byw. Weithiau mae'r amgylchedd yn newid ac mae'n rhaid i'r anifail newid gydag ef.

1 Gwnewch restr o anifeiliaid sy'n ymddangos neu'n ymddwyn yn wahanol yn y gaeaf o'i gymharu â'r haf. Er enghraifft, bydd wiwer yn mynd i gysgu yn ystod y gaeaf.

2 Sut mae'r newidiadau hyn yn helpu'r anifail i oroesi?

3 Pa newidiadau a welwch chi mewn planhigion yn ystod y pedwar tymor?

Pys wedi'u rhewi?

Mae'r hadau pys gyferbyn yn cael eu cynhyrchu'n arbennig ar gyfer tyfu mewn pridd oer. Mae'r pecyn yn dweud eu bod yn gallu goroesi mewn rhew. Bydd cwmni sy'n gallu cael ei hadau i dyfu'n gyflym yn y gwanwyn yn gwneud llawer o arian. Beth yw mantais cael hadau sy'n tyfu'n gynharach?

Cynllunio

● Cynlluniwch ymchwiliad i ddarganfod pa hadau sy'n gwrthsefyll rhew orau.

4 Beth arall allai effeithio ar ba mor dda mae hedyn pys yn egino?

YCHWANEGIADAU

1 Anialwch Kalahari yw un o'r lleoedd poethaf a sychaf yn y byd. Ni fyddech yn disgwyl i lawer o anifeiliaid fyw yno ond maen nhw'n llwyddo. 'Cynlluniwch' anifail delfrydol ar gyfer yr anialwch. Dangoswch sut mae'n addasu i'w amgylchedd.

2 Ym mha ffordd rydyn ni wedi addasu? Ni allwn hedfan, nofio na rhedeg yn gyflym. Pam rydyn ni'n rhywogaeth mor llwyddiannus?

3 Pa anawsterau y bydd yr hil ddynol yn eu hwynebu yn y dyfodol? Cynlluniwch berson newydd i oroesi'r rhain. Eglurwch sut y bydd eich 'person newydd' yn datrys y problemau hyn.

Lleden

Llwynog yr Arctig

Cuddliw

Gelwir anifeiliaid sy'n bwyta anifeiliaid eraill yn ysglyfaethwyr. Gelwir unrhyw anifail sy'n cael ei fwyta yn ysglyfaeth. Mae'r ysglyfaethwr yn datblygu gwell dulliau o ddarganfod a lladd ei ysglyfaeth. Mae'r ysglyfaeth yn datblygu gwell dulliau o guddio rhag yr ysglyfaethwr. Gall cuddliw helpu anifeiliaid i fyw.

Cynlluniwch eich marciau cuddliw eich hun ar gyfer anifail.
- Penderfynwch ym mhle y bydd eich anifail yn byw ac yna cynlluniwch y cuddliw gorau posibl.
- Darganfyddwch ddull o brofi gwahanol farciau i weld pa un yw'r mwyaf effeithiol.

Edrychwch ar y lluniau ar y dudalen hon a'r rhai yn adran 14.2.

1 Pam mae cuddliw gan yr ysglyfaethwyr yn y lluniau?
2 Rhestrwch yr anifeiliaid sydd yn ysglyfaethwyr.
3 Rhestrwch yr anifeiliaid sy'n ysglyfaeth.
4 Pa wahaniaeth pwysig a welwch chi rhyngddyn nhw?

Cyfathrebu

Llygod a chathod a . . .

Defnyddiwch y wybodaeth ar y dudalen gyferbyn i ateb y cwestiynau hyn.

5 Faint o amser gymerodd pobl Swydd Kern i ladd y rhan fwyaf o'r ysglyfaethwyr?
6 Ar ôl y cynhaeaf, sawl erw o sofl a hadau oedd ar gael i'r llygod?
7 Am sawl mis roedd y llygod yn bridio cyn i'r oerfel eu gorfodi o'r caeau?
8 Mae'r gath yn ysglyfaethwr naturiol i'r llygod. Pam nad oedd yn datrys y broblem?

9 Rydych yn ohebydd *Amserau Los Angeles*. Ysgrifennwch adroddiad yn egluro pam mae'r llygod yn gymaint o broblem.
10 Gofynnwyd i chi fod yn farnwr yr achos rhwng ffermwyr Swydd Kern a chwmni Yswiriant Ffermwyr Cyf. Mae'r ffermwyr yn dweud bod y pla llygod yn ddigwyddiad anarferol ac y dylen nhw gael iawndal gan y cwmni. Mae'r cwmni yswiriant yn dweud mai'r ffermwyr sydd wedi creu'r broblem. Eglurwch pwy sy'n iawn, a pham, yn eich barn chi.

AMSERAU LOS ANGELES

Tymor hela!
14 Mawrth 1910

Heddiw, gyda balchder, cyhoeddodd Jim Baker bolisi newydd ar gyfer trin llygod. Mae'n annog dinasyddion i ladd cymaint o ysglyfaethwyr ag sy'n bosibl. Bydd grantiau am 10 mlynedd ar gyfer prynu gynnau a gwenwyn er mwyn difa gwencïod, drewfilod, nadroedd, hebogiaid a thylluanod.

Tre'r llygod!
25 Ion. 1920

Mae llygod ym mhob tŷ yn Swydd Kern! Mae'r tywydd oer wedi denu'r llygod allan i chwilio am fwyd. Yr unig rai sy'n elwa yw'r cathod! Sylweddolodd un athro ysgol ei fod yn rhannu desg â theulu o 12 llygoden.

Byddin o lygod yn lladd a bwyta defaid!
21 Chwef. 1920

Pibydd brith Kern
14 Mawrth 1920

Mae Stanley Piper, swyddog llygod o Washington, wedi penderfynu ymosod ar y 100 miliwn o lygod. Mae'n disgwyl 40 tunnell o rawn â gwenwyn strycnin ynddo erbyn dydd Iau. Rhybuddir pawb am berygl y grawn hwn—rhaid cadw anifeiliaid anwes a fferm rhagddo.

Cnwd da
15 Medi 1919

Eleni oedd y cynhaeaf gorau erioed yn Swydd Kern. Roedd cnwd y 25000 erw yn llawer mwy na'r cyffredin. Mae ffermwyr yn amcangyfrif bod y cynhaeaf mor dda fel bod tunelli wedi eu gadael ar y llawr gan beiriannau cynaeafu aneffeithiol. Dywedir bod y Seneddwr James Baker yn ymchwilio i hyn.

Rhybudd! Llygod ar y ffordd!
5 Ion. 1920

Cyhoeddwyd bod y brifffordd US339 yn beryglus. Oherwydd yr oerfel, gorfodwyd llygod o'r caeau lle'r oedden nhw'n bridio. Maen nhw wedi bod yn chwilio am fwyd ym mhobman a phan maen nhw'n llwyddo i gyrraedd y ffyrdd maen nhw'n cael eu taro gan y ceir. Mae Al Baker, Pennaeth yr Heddlu, wedi rhybuddio bod 'Y Lôn Goch' yn llithrig iawn. Dylai gyrwyr fod yn ofalus dros ben.

Siop anifeiliaid anwes i gau
7 Chwef. 1920

Mae Mrs Edith Field yn cau ei siop anifeiliaid anwes ar y Stryd Fawr. Mae hi wedi derbyn llythyrau cas er i'r pla llygod ddechrau. Mae rhai pobl wedi ei beio hi am y llygod. Roedd Mrs Field yn arbenigwraig ar fridiau anghyffredin o lygod Abyssinia. 'Rhaid i mi roi'r gorau iddi,' dywedodd, 'mae agwedd pobl tuag ataf yn gwneud i mi deimlo'n euog.'

Dywedir bod James Baker yn prynu'r les ac yn gofyn am ganiatâd i droi'r adeilad yn gaffi hambyrger.

Ymchwiliad i gyhuddiad o dwyll gan Seneddwr
29 Ebrill 1920

Gwadodd Jim Baker ddoe ei fod wedi derbyn taliadau gan gwmni Gwenwyn Kern Cyf., y cwmni sy'n gwerthu'r rhan fwyaf o'r plaleiddiaid yn Swydd Kern.

YCHWANEGIADAU

1 Cynlluniwch 'ysglyfaethwr uwch-effeithiol'. Eglurwch beth yw ei ysglyfaeth. Yn eich barn chi, tua faint fydd hyd oes yr ysglyfaethwr a'i ysglyfaeth?

2 Weithiau rydym am i anifeiliaid gael eu dal. Roedd un siop pysgotwyr yn gwerthu cynrhon lliwgar iawn i'w ddefnyddio fel abwyd. Honnai'r perchennog fod y rhain yn denu'r pysgod yn well. Cynlluniwch ymchwiliad i weld a yw hyn yn wir.

Cynllunio

3 Mae ysglyfaethwyr yn gallu canfod lliw, siâp a symudiad eu hysglyfaeth. Cynlluniwch ymchwiliad i ddarganfod pa un o'r tri hyn yw'r pwysicaf. Pa un sy'n amlygu'r ysglyfaeth gyflymaf?

Yn y byd naturiol, yr enw ar gartref anifail yw ei gynefin. Mae sw yn ceisio cadw anifeiliaid o dan amgylchiadau tebyg i'w cynefin. Nid yw hyn yn hawdd bob amser.

- Gwnewch restr o'r pethau y mae'n rhaid i'r cynefin eu darparu ar gyfer y llew.
- Gwnewch yr un peth ar gyfer yr anifeiliaid eraill ar y dudalen hon.

- Cynlluniwch gorlan sw ar gyfer pob anifail.

1. Beth yw'r gwahaniaethau rhwng cynefin y sw a chynefin naturiol yr anifeiliaid?
2. Ydych chi'n meddwl bod y gwahaniaethau hyn yn gwneud sw yn lle creulon i anifeiliaid?
3. Mae angen cynefin o tua 250 kilometr sgwâr ar gyfer blaidd sy'n byw yn Alaska. Sut gall y sw gadw'r blaidd yn fyw mewn lle llai?

BLAIDD

Mae bleiddiaid fel arfer yn byw mewn grwpiau teuluol bach yn yr haf ond yn y gaeaf maen nhw'n uno i ffurfio pac hela mawr. Maen nhw'n hela ceirw ac ysglyfaeth bach mewn fforestydd ac ardaloedd mynyddig anghysbell. Mae'r blaidd yn rhedwr cryf a gall deithio milltiroedd bob dydd i chwilio am fwyd.

MORFIL YSGLYFAETHUS

Dyma'r ffyrnicaf o'r morfilod. Gall ymosod ar forfilod llawer mwy i gael bwyd a bydd yn bwyta adar, morloi a llamhidyddion yn gyfan. Fel pob morfil, mae'n teithio fel arfer mewn grŵp teuluol ac yn byw bywyd cymdeithasol datblygedig iawn.

SLEFREN FÔR

Gall y slefren fôr fawr a elwir yn Rhyfelwr Portiwgeaidd fod dros 2 fetr o hyd o flaen y tentaclau i ben y corff. Mae'n drifftio yn nŵr Cefnfor Iwerydd. Mae'n pigo a pharlysu pysgod sy'n nofio rhwng ei thentaclau. Gall ladd plentyn bach a gwyddom ei bod ar adegau wedi drifftio hyd at draethau Cernyw.

LLEW

Mae'r llewod fel arfer yn byw mewn grwpiau teuluol ar wastadeddau glaswelltog, agored yn Affrica. Y fenyw sydd yn hela fel arfer a gall ladd *wildebeest*, antelop, sebra, a hyd yn oed jiraff.

SEBRA

Mae'r sebra fel arfer yn byw mewn haid. Mae'n bwyta glaswellt ar wastadeddau Affrica. Mae ei stribedi yn guddliw da iawn i'w amddiffyn rhag ei brif ysglyfaethwr, y llew. Gall sebra redeg yn gyflym hefyd os bydd rhywbeth yn ymosod arno.

NEIDR FÔR STRIBEDOG

Mae'r neidr hon yn treulio ei holl fywyd mewn dŵr. Mae ei chynffon wedi ei gwastatáu i weithio fel rhwyf wrth iddi nofio. Mae'n bwyta pysgod. Mae'n byw ym moroedd cynnes Gwlff Persia a draw tuag at Japan. Y neidr fôr stribedog yw'r fwyaf wenwynig o'r holl nadroedd.

Llif egni

Bwyd yw un o'r pethau pwysicaf sy'n cael ei ddarparu yn y cynefin. Planhigion gwyrdd yw'r bwyd sylfaenol mewn unrhyw ardal. Dim ond y rhain sy'n gallu newid egni golau haul yn egni bwyd trwy ffotosynthesis. Gelwir planhigion gwyrdd yn gynhyrchwyr oherwydd eu bod yn cynhyrchu bwyd o garbon deuocsid a dŵr. Maen nhw'n defnyddio golau haul i roi'r egni sy'n angenrheidiol i wneud hyn.

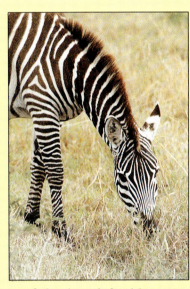

Mae anifeiliaid yn defnyddio planhigion fel bwyd. Gelwir nhw'n ddefnyddwyr oherwydd eu bod yn defnyddio bwyd. Bydd sebra yn bwyta glaswellt ac yn defnyddio'r egni sydd ynddo i'w gadw'n fyw. Ond nid yw anifeiliaid yn dda iawn am ddefnyddio egni planhigion. Mae tua 90% o egni'r planhigyn yn cael ei wastraffu wrth i'r anifail ei fwyta. Dim ond tua 10% o'r bwyd y mae'r anifail yn ei fwyta sy'n cael ei newid yn 'anifail'.

Bydd y llew yn dibynnu ar y sebra am fwyd. Nid yw llew yn gallu treulio glaswellt ac felly nid yw'n gallu cael egni ohono. Mae'n lladd a bwyta sebrâu. Dim ond 10% o'r bwyd sy'n cael ei ddefnyddio a chaiff gweddill y sebra ei wastraffu.

4 Pa bethau sy'n gwastraffu'r egni mae'r anifail yn ei gael?

5 Beth sy'n cyfyngu ar nifer y llewod sy'n byw mewn un ardal?

6 Pam mae angen cynefin o 30 km sgwâr ar y llew tra bo'r sebra yn gallu byw mewn tua 0.2 km sgwâr?

7 Mae *wildebeest*, llewod a sebrâu tua'r un maint. Mae'r *wildebeest* yn bwyta glaswellt. Sawl *wildebeest* y byddech chi'n disgwyl ei weld mewn kilometr sgwâr o dir glaswellt. Pam?

Weithiau bydd anifail yn amddiffyn ei gynefin yn erbyn anifeiliaid eraill o'r un math. Bydd Robin Goch, er enghraifft, yn ceisio dychryn Robin Goch arall sy'n ymweld â'i gynefin. Gelwir y cynefin y mae'r anifail yn ei amddiffyn yn diriogaeth.

8 Pam mae anifail yn amddiffyn ei diriogaeth?

YCHWANEGIADAU

1 Mae llysieuwyr yn dweud petai pawb yn peidio â bwyta cig, byddai llawer mwy o fwyd i'w rannu. Ydy hyn yn wir? Eglurwch eich ateb.

2 Mae gan gŵn eu tiriogaethau. Nodwch ddau ddull mae cŵn yn eu defnyddio i ddangos eu tiriogaethau.

3 Ffermio ffatri yw un dull o gynhyrchu llawer o gig mewn ychydig o le. Sut mae ffermwyr ffatri yn sicrhau bod cymaint â phosibl o fwyd yr anifail yn cael ei newid yn gig? A oes unrhyw anfanteision yn hyn?

● Nodwch dri pheth yn eich cartref sy'n eich helpu i gadw'n gynnes.

Weithiau mae pethau'n gallu mynd o chwith. Yng ngwledydd Prydain ym 1987, bu farw 559 o bobl o hypothermia, 448 o'r rhain yn bensiynwyr. Yn yr wythnos rhwng 16 a 23 Ionawr roedd y tymheredd yr oeraf a gofnodwyd y ganrif hon. Bu farw 1000 yn fwy o bobl na'r nifer arferol. Roedd hyn oherwydd ffliw, bronceitis a thrawiad ar y galon yn ogystal â hypothermia.

Arsylwi

Achub bywyd

Mae'n ddydd Mawrth. Mae'r tymheredd y tu allan yn −4°C ac nid yw Mrs Williams wedi bod allan o'r ystafell hon am ddau ddiwrnod. Mae disgyblion o'r ysgol leol yn edrych trwy'r ffenestr. Maen nhw'n ymweld â Mrs Williams bob dydd Mawrth.

● Edrychwch ar y llun. Gwnewch restr o'r arwyddion sy'n dangos bod Mrs Williams mewn trafferthion.

● Ysgrifennwch y sgript ar gyfer drama radio (neu cynhyrchwch eich fersiwn fyw eich hun ar dâp) sy'n dangos yr hyn sy'n digwydd pan maen nhw'n curo ar y drws. Yn eich drama gwnewch yn siŵr eich bod:
—yn cynhesu Mrs Williams,
—yn gwneud rhywbeth i sicrhau bod ei thŷ yn gynhesach fel na fydd hyn yn digwydd eto.

Hypothermia

Tymheredd normal corff person yw tua 37°C. Dyma dymheredd canol neu rannau mewnol y corff. Mae'r croen fel arfer yn oerach, efallai 34°C neu 32°C.

Mae hypothermia yn gallu digwydd pan fo tymheredd y canol yn disgyn o dan 35°C. Yr arwyddion cyntaf yw teimlo'n oer a blinedig. Bydd y claf yn dechrau bod yn gymysglyd ac efallai ei leferydd yn swnio'n aneglur. Bydd y cyhyrau a'r cymalau'n anystwyth. Wrth i'r sefyllfa waethygu, gall y claf fod mor gymysglyd fel ei fod yn dechrau teimlo'n gynnes a thynnu rhai o'i ddillad!

Yn y pen draw, bydd y claf yn syrthio i gysgu a byth yn deffro eto.

Mae hypothermia yn hynod beryglus i hen bobl a babanod bach. Ni allan nhw reoli tymheredd eu cyrff yn dda iawn.

Y driniaeth ar gyfer hypothermia yw ceisio cynhesu'r corff yn ôl i normal. Mae blancedi a diod cynnes yn help. Ni ddylid rhoi alcohol i'r claf oherwydd mae'n gwneud i'r gwaed lifo'n gyflym i'r croen. Pam mae hyn yn beth drwg?

ymchwilio

Mewn ogof

Bydd rhai yn cael pleser wrth ymweld ag ogofâu, ond byddant yn aml yn oeri a gwlychu. Mae tymheredd yr aer a'r dŵr o dan y ddaear tua 4°C. Bydd y dŵr yn oeri ogofwr di-amddiffyn yn sydyn a gall ddatblygu cyflwr o hypothermia. Mewn rhai lleoedd gall drafftiau aer wneud y sefyllfa'n waeth.

● Dewiswch un o'r cwestiynau yn y golofn nesaf ac ymchwiliwch iddo i ddarganfod yr ateb.

1 Ydy dillad gwlyb yn well am eich cadw'n gynnes na dim dillad o gwbl? A ddylech chi dynnu dillad gwlyb?

2 Pa un yw'r mwyaf peryglus am oeri'r corff, gwynt neu law?

3 Beth yw'r berthynas rhwng effaith oeri'r gwynt a'i gryfder?

4 Beth arall sy'n gallu effeithio ar ba mor gyflym rydych chi'n oeri?

YCHWANEGIADAU

1 Beth sy'n digwydd i'ch dwylo mewn tywydd oer iawn? A allwch chi egluro yr hyn rydych chi'n gallu ei weld a'i deimlo yn digwydd i'ch bysedd?

2 Ydy rhai pobl yn teimlo oerni yn waeth nag eraill? Cynlluniwch ymchwiliad i gael gweld.

3 Weithiau, bydd angen cadw pethau'n oer. Pam? Ar ba dymheredd y dylech gadw eich oergell? Ar ba dymheredd y dylech gadw eich rhewgell? Pam mae'r ddau dymheredd hyn yn wahanol?

14·7 Bywddyrannu

Yn adran 14.6 gwelsoch sut rydyn ni'n byw yn hŷn nag erioed o'r blaen. Hefyd roeddech chi'n trafod y rhesymau am hyn.

Byddai meddygon yn dweud mai cyffuriau newydd a chryfach yw un rheswm pam mae ein hiechyd yn well. Gall y rhain wella afiechydon a oedd yn lladd pobl ugain mlynedd yn ôl.

Arbrofi ar anifeiliaid

Rhaid profi cyffuriau newydd. Weithiau mae cyffuriau yn cael eu profi ar anifeiliaid byw. Caiff hyn ei wneud mewn ymchwil meddygol ac i brofi colur a bwydydd cŵn. Mae gan bobl deimladau cryfion ynglŷn â hyn.

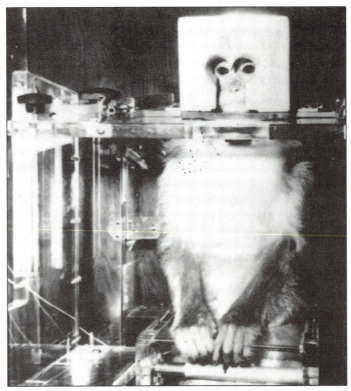

Mae'r mwnci hwn ar fin cael paladr laser i'w lygaid er mwyn profi ei adwaith

Simpansïod yn cael eu magu ar gyfer ymchwil

Dafydd

'Mae pobl yn dweud bod bywddyrannu yn iawn mewn ymchwil meddygol. Maen nhw'n dweud, er mwyn bod yn sicr bod cyffuriau newydd yn ddiogel, fod yn rhaid eu profi ar anifeiliaid.

Ond lladdodd y cyffur Opren gant o bobl pan ddaeth ar werth ym 1981. Roedd cyffur arall, Eraldin, yn gwneud rhai cleifion yn ddall. Achosodd Thalidomide anffurfiadau difrifol mewn babanod. Dywedwyd bod yr holl gyffuriau hyn yn ddiogel ar ôl eu profi ar anifeiliaid. Felly dydy bywddyrannu ddim bob amser yn gweithio.

Mewn rhai achosion, mae'r un profion yn cael eu gwneud drosodd a throsodd mewn gwahanol labordai. Ond eto mae'r canlyniadau yn annibynadwy.

Mae dulliau eraill o ymchwil ar gael yn barod. Gallwn dyfu celloedd dynol mewn tiwbiau prawf i brofi cyffuriau.

Gellir defnyddio dadansoddiad cemegol a modelu cyfrifiadurol. Datblygwyd nifer o'n cyffuriau mwyaf defnyddiol, fel aspirin a cwinin, o foddion traddodiadol. Nid oedd y rhain erioed wedi cael eu profi ar anifeiliaid.

Mae'r rhan fwyaf o'r prif resymau am farwolaethau yn y byd yn ymwneud â diet gwael, ysmygu, tlodi a llygredd. Ni all cyffuriau wella'r rhain. Rhaid i ni beidio â thwyllo ein hunain y gall cyffuriau ein gwella. Nid oes raid i anifeiliaid ddioddef. Gallwn eisoes atal cymaint o afiechydon — pam na wnawn ni?'

Nia

'Mae sôn am fywddyrannu bob amser yn cael ymateb emosiynol. Mae bron bob peth a ysgrifennwyd amdano yn unochrog. Nid yw hyn yn helpu pobl i benderfynu.

Byddai rhywun yn credu bod gwyddonwyr yn mwynhau gwneud i anifeiliaid ddioddef mewn arbrofion di-bwrpas. Y gwir yw bod pobl sy'n ymchwilio i gyffuriau newydd yn gwneud hynny er mwyn helpu dynoliaeth. Mae gwyddonwyr sy'n datblygu cyffuriau diogel, effeithiol, yn ofalus iawn neu ni fydden nhw'n ymwneud â'r math hwn o waith! Mae gan nifer o gwmnïau filfeddyg i ofalu am eu hanifeiliaid. Mae llawer yn cael eu trin yn well na rhai o'r anifeiliaid anwes sy'n cael eu prynu adeg y Nadolig ac yna eu hanghofio.

Nid yw'r holl arbrofion yn sesiynau arteithiol ofnadwy! Byddai unrhyw brawf a fyddai'n achosi gormod o ddioddef yn ddiwerth oherwydd ni fyddai'r anifail yn adweithio'n normal. Yn aml iawn, nid yw hyd yn oed y rhai sy'n cael eu cyflawni heb boenladdwyr yn ddim ond un chwistrelliad neu ddogn o gyffur.

Mae dweud mai bywddyrannu sy'n gyfrifol am drychinebau Thalidomide neu Opren yn annheg. Efallai nad yw bywddyrannu bob amser yn gweithio ond mae wedi amlygu sawl problem. Mae wedi rhwystro rhai cyffuriau rhag cael eu gwerthu. Petai rhywbeth arall cystal, oni fyddai'r gwyddonwyr yn ei ddefnyddio?

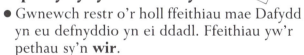

Â phwy rydych chi'n cytuno?

- Gwnewch restr o'r holl ffeithiau mae Dafydd yn eu defnyddio yn ei ddadl. Ffeithiau yw'r pethau sy'n **wir**.
- Yna gwnewch restr o'r holl syniadau mae'n eu defnyddio. Dyma'r hyn mae'n ei **gredu**.
- Yn awr gwnewch yr un peth â barn Nia.
- Â phwy rydych chi'n cytuno? Trafodwch eich syniadau â'ch ffrindiau. Efallai y bydd yn ddefnyddiol cofnodi rhai syniadau wrth i chi eu trafod.
- Paratowch sgript ar gyfer hysbyseb 15 eiliad ar y teledu. Dylai gyflwyno eich barn. Rhaid i'r sgript gynnwys:
  —y sylwebaeth y byddwch yn ei defnyddio,
  —disgrifiadau neu luniadau o'r lluniau y byddwch yn eu defnyddio,
  —unrhyw dâp sain addas.
- Os cewch gyfle, gwnewch dâp fideo o'ch hysbyseb.

YCHWANEGIADAU

1 Dim ond un math o arbrofi ar anifeiliaid yw ymchwil meddygol.
(**a**) Beth yw eich barn chi ynglŷn â defnyddio anifeiliaid i brofi colur neu hylif golchi llestri? Beth am ffwr? Esgidiau lledr? Bwyta cig?
(**b**) Cynlluniwch arolwg i ddarganfod barn pobl ar y pynciau hyn. Holwch eich teulu a'ch ffrindiau.

2 (**a**) Pa foddion rydych chi wedi eu cymryd yn ystod y flwyddyn ddiwethaf? Cynlluniwch a gwnewch arolwg i ddarganfod pa foddion a ddefnyddiodd aelodau eich dosbarth yn ystod y flwyddyn.
(**b**) Pa wahaniaethau fyddech chi'n eu disgwyl petaech chi'n gwneud yr arolwg ymysg grŵp o bensiynwyr?

3 Beth sydd mewn moddion annwyd? Gwnewch restr o gynhwysion gweithredol y gwahanol fathau (mae'r rhain wedi eu rhestru ar y pecyn).
—A allwch chi weld unrhyw wahaniaeth rhyngddyn nhw i gyd?
—Pa rai yw'r gorau gan bobl?
—Pam mae'n well gan bobl y rhain?

Defnyddir lluniau 'ffotoffit' yn aml gan yr heddlu wrth chwilio am bobl 'i'w helpu â'u hymholiadau'. Pa mor dda ydyn nhw tybed?

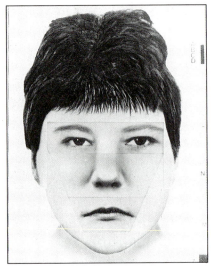 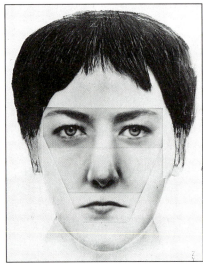

1 Ai lluniau o'r un person yw'r rhain? Neu dri pherson gwahanol?

Arsylwi

• Ceisiwch ddatblygu system i ddisgrifio pobl yn eich grŵp. Efallai y gallech: roi côd i bobl yn ôl eu taldra? neu liw eu llygaid? neu liw eu gwallt?

2 Sawl darn o gôd sydd ei angen i wneud system berffaith ar gyfer eich dosbarth cyfan?
• Defnyddiwch eich darganfyddiadau i gynllunio cerdyn adnabod.

Wynebau ffug

• Pa mor hawdd yw adnabod rhywun sy'n gwisgo wyneb ffug? Ceisiwch roi wynebau ffug i luniau o bobl enwog.
3 Pwy yw'r un mwyaf anodd i'w ffugio?
4 Pa rannau o'r lluniau yw'r cliwiau pwysig?

• Mae cartwnau yn aml yn ymddangos yn llawer gwahanol i'r bobl y maen nhw'n eu cynrychioli. Gan ddefnyddio llun go iawn, defnyddiwch eich system godio i ddisgrifio rhywun. Yna defnyddiwch yr un system i godio cartŵn.
5 Ydyn nhw'n rhoi yr un canlyniad?
6 Pa gliwiau yn y cartŵn sydd ar goll yn y lluniau?

YCHWANEGIADAU

1 A allwch chi adnabod pobl trwy weld lluniau ohonyn nhw pan oedden nhw'n iau?

2 Lluniwch gartŵn o berson enwog (neu ohonoch chi eich hun). Pa gliwiau fyddwch chi'n eu defnyddio i ddangos yn glir pwy rydych chi'n ei ddarlunio?

3 Bydd hysbysebwyr yn defnyddio delweddau o bobl i werthu eu cynnyrch. Casglwch hysbysebion a meddyliwch pam mae'r bobl arbennig hyn wedi cael eu dewis.
(a) Gwnewch restr o hysbysebion a nodwch sut mae'r bobl sydd ynddyn nhw'n ymddangos.

(b) Pa fathau o hysbysebion yw'r rhai mwyaf afreal?
(c) Os yw'r hysbysebion yn llawn o bobl 'afreal' pam maen nhw'n gweithio? Pa negeseuon maen nhw'n ceisio eu rhoi i ni?

Fe welwch fod yr adran ffeithiau ar y tudalennau nesaf yn ddefnyddiol ar gyfer ateb y cwestiynau ar y dudalen hon.

1

Dewiswch dasg syml. Gallai fod yn baratoi cwpanaid o de, gwifro plwg trydan neu lanhau eich dannedd. Paratowch gyfres o gyfarwyddiadau ar gyfer rhywun sydd heb gyflawni'r dasg o'r blaen. Sut y byddech chi'n trosglwyddo eich cyfarwyddiadau:
—i rywun sy'n gallu siarad ond nad yw'n gallu darllen?
—i rywun nad yw'n gallu siarad na darllen Cymraeg?
—i rywun sy'n ddall ac yn fyddar?
● Pa ddulliau arbennig fyddech chi'n eu defnyddio i drosglwyddo eich neges?
● Pa ddull o drosglwyddo gwybodaeth yw'r lleiaf tebygol o achosi trafferthion?
● Pa ddull yw'r mwyaf anodd i'w ddefnyddio?

Nid yw siarad yn uwch o unrhyw help!

2

Mae rhai o'r geiriau ar dudalennau 45 i 49 mewn llythrennau bras. Gwnewch restr o'r geiriau hyn. Wrth ymyl pob un ysgrifennwch ei ystyr.

3

Un o'r dulliau mwyaf cyffredin o storio gwybodaeth yw mewn llyfr. Weithiau gall gwybodaeth o'r fath fod yn anodd i'w defnyddio. Paratowch adran yn trafod genynnau i'w rhoi mewn llyfr. Rhaid iddi fod yn hawdd i ddisgyblion 13 oed ei deall.

GENYNNAU I'R ARDDEGAU

5

Paratowch daflen ar gyfer ystafell aros mewn meddygfa. Dylai egluro yr hyn sy'n penderfynu a fydd baban yn fachgen neu'n ferch.

6

Mae cwmni wedi paratoi cyffur newydd o'r enw Cyfnerthydd-Y. Dywedir ei fod yn cynyddu cynhyrchiad sbermau cromosom Y ac yn arafu cynhyrchiad sbermau cromosom X.
● Pa effaith fydd hwn yn ei gael ar nifer y babanod gwryw a benyw fydd yn cael eu geni?
● A allwch chi feddwl am unrhyw sefyllfa lle byddai'r cyffur yn fanteisiol?
● A allwch chi feddwl am unrhyw sefyllfa lle byddai'r cyffur yn anfanteisiol?

7

Mewn storïau ffug-wyddonol mae sôn am beiriannau i dyfu babanod y tu allan i'r fam. Caiff y sberm a'r wy eu cymysgu mewn math o diwb gwydr ac ynddo mae'r baban yn tyfu.
● Cynlluniwch a thynnwch lun un o'r peiriannau hyn. Dylech ddangos sut mae'n gofalu am y baban a'i amddiffyn.
● Beth yw manteision y dechnoleg hon? Sut y gallai helpu pobl?
● Beth yw'r peryglon? Sut y gallai niweidio pobl?

8

Roedd Paul yn ymddangos yn berffaith iach pan gafodd ei eni. Pan oedd yn 6 mis oed, dywedwyd wrth ei rieni ei fod yn dioddef o ffibrosis pledrennol. Sut roedden nhw'n teimlo?
● Ysgrifennwch sgript yn disgrifio'r tro cyntaf iddyn nhw ei drafod â'i gilydd.
Mae Paul yn bwriadu mynd i'r brifysgol i astudio meddygaeth.
● Ysgrifennwch sgript yn disgrifio'r diwrnod y cafodd Paul ganlyniadau ei arholiadau. Mae'n siarad â'i fam ar ôl derbyn y llythyr. Am y tro cyntaf, mae hi'n dweud wrtho am ei phryderon amdano.
● Ceisiwch recordio'r uchod ar dâp fel drama radio.

Cynllunio

Gefeilliaid

4 Os ydych chi'n un o efeilliaid, ydy hi'n debygol y bydd eich plant chi'n efeilliaid? Pa fath o wybodaeth sydd ei hangen arnoch i ymchwilio i hyn? Ym mhle y cewch chi'r wybodaeth a sut y byddech chi'n ei dehongli?

Edrychwch ar y lluniau isod. Mae'r pethau hyn i gyd wedi
eu cynllunio i godio gwybodaeth am rywbeth.

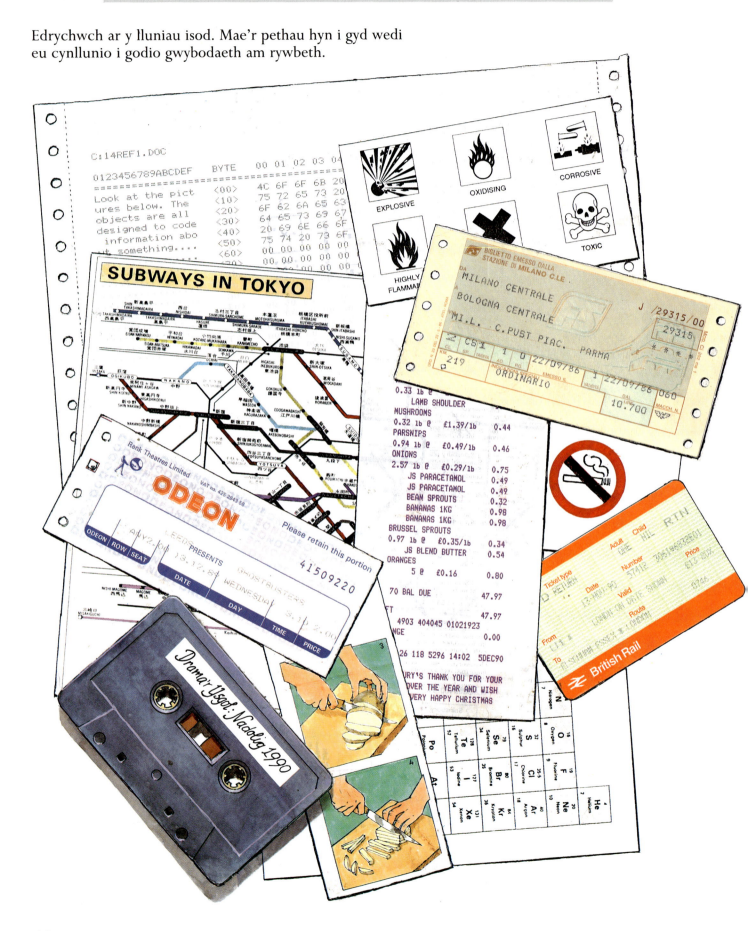

Creu babanod

Mae gwybodaeth yn cael ei throsglwyddo mewn côd o'r rhiant i'r plentyn. Mae'r plentyn sy'n tyfu angen cyfarwyddiadau sut i adeiladu celloedd gwaed, esgyrn ac ymennydd. Sut mae'r wybodaeth hon yn cael ei chodio?

Yn ystod y ganrif ddiwethaf roedd rhai gwyddonwyr yn meddwl bod y **sberm** yn cynnwys model bychan o'r oedolyn. Roedd hwn yn cael ei blannu y tu mewn i'r fam. Roedd yn tyfu yno am naw mis cyn cael ei eni.

Nid oedd gan y fenyw unrhyw reolaeth dros y ffordd y byddai'r plentyn yn edrych wrth iddo dyfu. Roedd eraill yn meddwl mai dim ond yn y fam roedd yr hedyn. Roedd arogl y sberm yn gwneud i'r hedyn ddatblygu yn blentyn newydd.

Gwyddom erbyn hyn fod y fam a'r tad yr un mor bwysig â'i gilydd. Mae'r naill a'r llall yn trosglwyddo cyfres o gyfarwyddiadau i'r **organeb** newydd. Ond sut mae'r cyfarwyddiadau hyn yn cael eu codio? Sut fath o rai fydden nhw?

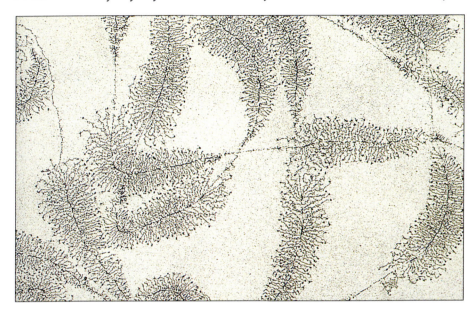

Genynnau

Mae gwyddonwyr yn defnyddio rhai o'r technegau mwyaf modern i chwilio am y cyfarwyddiadau hyn. Defnyddir yr enw **genyn** i ddisgrifio un cyfarwyddyd arbennig. Darn o gemegyn arbennig o'r enw **DNA** yw genyn ac mae i'w gael yng **nghnewyllyn** pob **cell** ddynol.

◀ *Y llun cyntaf erioed i ddangos genyn unigol*

Cromosomau

Mae pob genyn wedi ei gysylltu â genynnau eraill gan fwy o DNA. Gelwir pecyn o enynnau yn **gromosom.** Mae'r cromosomau yn y llun wedi eu cymryd o gorff dynol. Maen nhw'n cynnwys miloedd o enynnau wedi eu glynu at ei gilydd fel llinyn.

Mae'r cromosomau fel arfer wedi eu storio yng nghnewyllyn y gell. Mae gan gell ddynol 46 cromosom wedi eu trefnu yn 23 pâr.

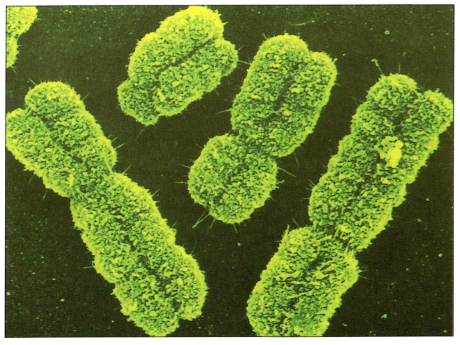

◀ *Cromosomau dynol*

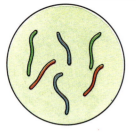

1 Cell cyn ymrannu

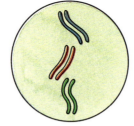

2 Y cromosomau yn trefnu eu hunain mewn parau ar hyd canol y gell

3 Y cromosomau yn cael eu copïo i roi dau bâr

Creu sbermau ac wyau

Mae celloedd sberm ac wy yn wahanol i gelloedd eraill y corff. Maen nhw wedi eu gwneud gan fath arbennig o raniad celloedd. Wrth i wyau a sbermau gael eu gwneud mae nifer y cromosomau mewn cell yn cael ei haneru.

Mae'r diagram yn dangos beth fyddai'n digwydd mewn cell oedd yn cynnwys dim ond chwe chromosom. Dyma'r nifer mewn rhai pryfed. Mewn pobl byddai'r diagram yn llawer mwy cymhleth ond byddai'n dilyn yr un patrwm.

1 Sawl cromosom sydd mewn sberm dynol?
2 Sawl cromosom sydd mewn wy dynol?

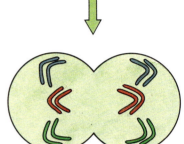

4 Y gell yn hollti, un pâr o gromosomau yn mynd i bob cell

5 Y celloedd yn ymrannu eto, un cromosom yn mynd i bob cell newydd

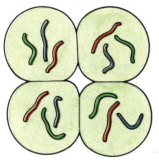

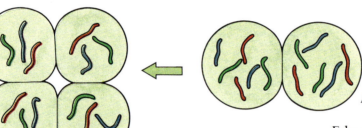

Math arbennig o ymraniad celloedd

Edrychwch ar y llun o sberm dynol wedi ei fwyhau.
3 Pa un yw'r rhan bwysicaf?
4 Pam, yn eich barn chi?

Edrychwch ar y llun o wy dynol wedi ei fwyhau. Mae'n llawer mwy na'r sberm.
5 Pam, yn eich barn chi?
6 Pam nad oes cynffon gan yr wy?

Mae'r organeb newydd yn dechrau fel smotyn bach wedi ei ffurfio wrth i un sberm ac un wy uno. Yna, mae'r gell newydd, o'r enw **sygot**, yn dechrau ymrannu a thyfu. Mae'n defnyddio gwybodaeth o gromosomau'r sberm a'r wy. Mae'r rhain yn dweud wrth y sygot sut i adeiladu'r holl strwythurau sydd eu hangen ar gyfer bywyd annibynnol.
7 Sawl cromosom fydd gan yr wy **ffrwythlon**?

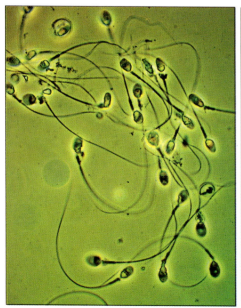

Sbermau dynol: pob un tua 0.03 mm o hyd

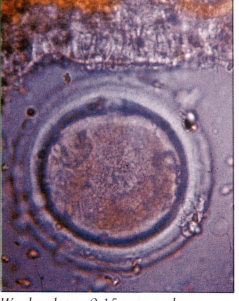

Wy dynol, tua 0.15 mm ar draws

'Mae pawb yn tynnu coes Marc a finnau, wrth gwrs, ond feddyliais i erioed y byddwn i'n cael gefeilliaid. Roeddwn i'n teimlo fy mod i'n fawr o'i gymharu â'r adeg roeddwn i'n cario Tom. Roeddwn i'n meddwl mai'r rheswm oedd fy mod i'n cario'r ail blentyn. Y tro cyntaf i mi gael sganiad gofynnodd y meddyg i mi a oedd gefeilliaid yn fy nheulu. Dechreuais amau bryd hynny y byddwn i'n cael gefeilliaid. Y cyfan rydw i'n ei gofio ydy meddwl y byddai'n rhaid i ni gael crud arall.'

'Pan ddywedodd Sara wrtha i roeddwn i'n gofyn cwestiynau gwirion fel ''Wyt ti'n siŵr?'' ac ''Wyt ti'n meddwl eu bod nhw wedi gwneud camgymeriad?'' Cymerodd funud neu ddau i mi sylweddoli! Roeddwn i'n poeni braidd ar y ddechrau. Sut y bydden ni'n ymdopi â dau ychwanegol yn lle un? Sut y byddai'r enedigaeth i Sara?
Yn y diwedd roedd popeth yn iawn. Nid oedd yr enedigaeth yn rhy ddrwg a chafodd Tom ddwy chwaer fach hyfryd. Fydden ni ddim yn dychmygu bod hebddyn nhw nawr!'

Sut mae gefeilliaid yn ffurfio?

Roedd gefeilliaid Marc a Sara yn un o'r tua 8000 pâr sy'n cael eu geni yng ngwledydd Prydain bob blwyddyn. Mae tua 2000 o'r rhain yn **efeilliaid unfath**.

Caiff y rhain eu ffurfio wrth i un sberm ac un wy uno i greu un sygot. Fel arfer, bydd yr wy hwn yn ymrannu i gynhyrchu un baban. Weithiau mae'r sygot yn ymrannu'n ddwy gell a'r naill gell a'r llall yn tyfu'n faban cyflawn. Mae gan efeilliaid unfath, a gynhyrchir fel hyn, yr un genynnau. Maen nhw'n rhannu yr un **brych** ac maen nhw bob amser o'r un rhyw. Nid yw meddygon yn gwybod pam mae hyn yn digwydd.

Gelwir y 6000 o efeilliaid eraill yn **efeilliaid brawdol** neu **an-unfath**. Ffurfir y rhain wrth i ddau wy gael eu rhyddhau o'r ofarïau ar yr un pryd. Mae'r ddau wy yn cael eu ffrwythloni gan sbermau ac yn datblygu'n fabanod ar wahân, a brych i bob un. Maen nhw mor debyg â brodyr a chwiorydd o'r un oed. Maen nhw wedi dod o wyau a sbermau gwahanol a gallan nhw fod o wahanol ryw.

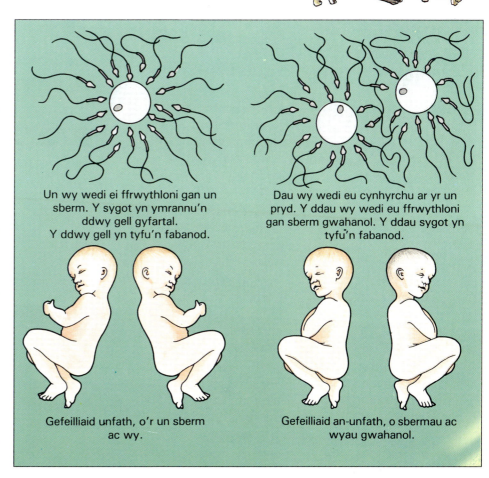

Un wy wedi ei ffrwythloni gan un sberm. Y sygot yn ymrannu'n ddwy gell gyfartal. Y ddwy gell yn tyfu'n fabanod.

Dau wy wedi eu cynhyrchu ar yr un pryd. Y ddau wy wedi eu ffrwythloni gan sberm gwahanol. Y ddau sygot yn tyfu'n fabanod.

Gefeilliaid unfath, o'r un sberm ac wy.

Gefeilliaid an-unfath, o sbermau ac wyau gwahanol.

Mae tua'r un nifer o ddynion ag o fenywod yn byw yn y byd. Mae tua'r un nifer yn cael eu geni.

Er hynny, weithiau mae'r patrwm fel petai'n newid. Yn nheulu'r Feltons mae mam, tad ac un ar ddeg bachgen. Pam dim merched?

Hyd yn oed yn fwy rhyfedd yw'r teulu o fechgyn a astudiwyd gan wyddonydd o'r enw Fred Harris. Daeth o hyd i achau teulu yn mynd yn ôl am ddeg cenhedlaeth. Yn ystod yr amser hwnnw ganwyd dwy ferch yn unig, a 33 mab.

Teulu â merched yn unig

Mae'r Feltons yn deulu anghyffredin. Mae ei 'dîm criced' o fechgyn yn helpu gwyddonwyr i astudio afiechydon etifeddol.

Felly, beth sy'n penderfynu?

Mae rhyw y plentyn yn cael ei reoli gan sberm y tad. Mae wy y fam bob amser yn cynnwys **cromosom X**. Mae hyn oherwydd bod gan y fam bâr o gromosomau X ym mhob un o'i chelloedd. Pan gaiff wyau eu cynhyrchu, mae nifer y cromosomau yn cael ei haneru ac mae un cromosom X yn mynd i bob wy.

Mae gan y tad un **cromosom X** ac un **cromosom Y** ym mhob un o'i gelloedd. Pan gaiff sbermau eu cynhyrchu mae dau ddewis: sberm yn cynnwys cromosom X neu sberm yn cynnwys cromosom Y. Mae'r dyn yn cynhyrchu miliynau o sbermau a bydd eu hanner yn cario cromosomau X a'r hanner arall gromosomau Y.

Wrth i ddyn a menyw gael cyfathrach rywiol, mae'r sbermau yn cael eu rhyddhau i gorff y fenyw. Maen nhw'n nofio tuag at yr **wy** ac efallai y bydd un yn ei ffrwythloni. Os bydd y **sberm** yn cario cromosom X yna bydd benyw (â dau gromosom X) yn cael ei ffurfio. Os bydd y sberm yn cario cromosom Y, yna bydd y baban newydd yn wryw ag un cromosom X ac un cromosom Y.

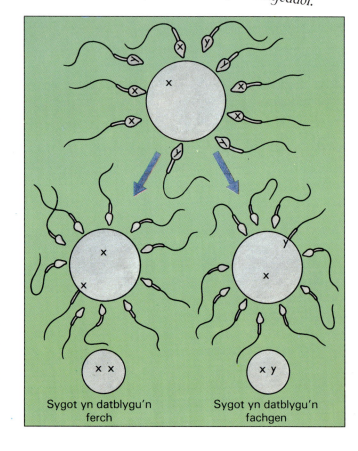

Sygot yn datblygu'n ferch

Sygot yn datblygu'n fachgen

Mae gan Marged a Gwion fachgen bach o'r enw Steffan. Mae'n ddeg oed ac yn dioddef o ffibrosis pledrennol (*cystic fibrosis*). Nid yw rhai o'r chwarennau yn ei gorff yn gweithio'n dda. Mae ei ysgyfaint a'i system dreulio wedi eu heffeithio. Os na chaiff driniaeth, bydd yn dioddef o heintiau ar yr ysgyfaint ac ni fydd yn gallu treulio ei fwyd yn iawn.

Genyn diffygiol sy'n achosi ffibrosis pledrennol. Pan fo plentyn yn dioddef ohono, mae'n rhaid bod y ddau riant wedi trosglwyddo'r genyn diffygiol hwn. Daeth gwyddonwyr o hyd i'r genyn diffygiol ym 1989 ond hyd yn hyn nid yw'n bosibl gwella'r afiechyd.

Rhan fechan o gromosom yw'r genyn diffygiol. Dylai roi gwybodaeth i'r gell ar gyfer adeiladu protein arbennig. Mae'r protein hwn yn helpu i reoli'r pethau sy'n llifo i mewn ac allan o gelloedd y corff. Mae Steffan yn sylwi ar ddwy o effeithiau y genyn diffygiol:
—mae ei ysgyfaint yn tueddu i lenwi â mwcws gludiog,
—ni all ei berfedd gynhyrchu'r ensymau angenrheidiol i dreulio bwyd yn iawn.

Mae Steffan yn byw bywyd eithaf normal

Gall meddygon helpu Steffan. Mae ymarferion anadlu dwfn rheolaidd yn helpu i ddraenio ei ysgyfaint. Gellir taenu ensymau arbennig ar ei fwyd i helpu ei dreuliad. Gall fyw bywyd eithaf normal er bod yn rhaid iddo fod yn ofalus ynglŷn â heintiau'r ysgyfaint. Nid yw symptomau ffibrosis pledrennol bob amser mor amlwg. Prin bod rhai cleifion yn gwybod eu bod yn dioddef o'r afiechyd, tra bo eraill yn wael iawn.

Mae'r genyn diffygiol gan Marged a Gwion. Maen nhw'n **gludwyr**. Mae gen y ddau hefyd enyn iach ac felly nid ydyn nhw eu hunain yn cael eu heffeithio. Gellir profi mamau yn gynnar yn eu beichiogrwydd (6-10 wythnos ac ymhen 18 wythnos) i weld a yw'r baban yn iawn. Hefyd, mae'n bosibl canfod rhai o gludwyr y genyn mewn teuluoedd sydd mewn perygl. Fel arall, efallai na fydd y rhieni'n gwybod am y broblem tan ar ôl yr enedigaeth.

Os bydd Marged a Gwion yn cael rhagor o blant, mae un siawns mewn pedwar y bydd pob baban yn dioddef o'r afiechyd hefyd.

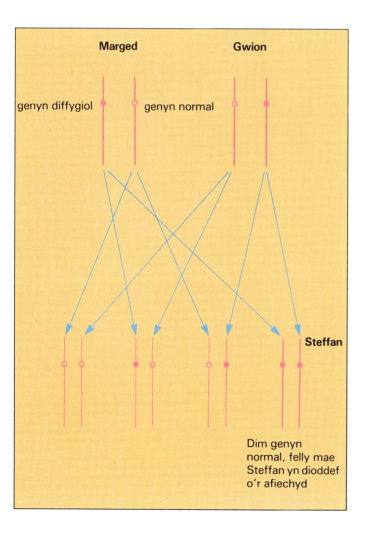

Marged   Gwion

genyn diffygiol   genyn normal

Steffan

Dim genyn normal, felly mae Steffan yn dioddef o'r afiechyd

15 ADWEITHIAU
15·1 Adwaith roced

Mae adweithiau cemegol yn cynhyrchu sylweddau newydd.
Arwyddion o adwaith cemegol yw:
—bod y sylwedd newydd yn ymddangos yn wahanol i'r
  cymysgedd dechreuol,
—ei bod yn anodd newid y sylwedd newydd yn ei ôl i'r
  cymysgedd dechreuol,
—bod y cymysgedd yn poethi neu'n oeri yn ystod yr adwaith.

Gall adweithiau fod yn nerthol iawn; digon i yrru roced.

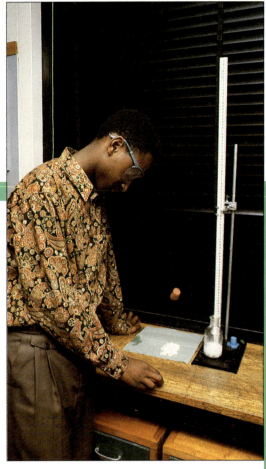

ymchwilio

Cemeg roced

- Mewn tiwb prawf, cymysgwch bowdr sodiwm
  hydrogencarbonad ('bi-carb') ac ychydig o asid
  hydroclorig gwanedig. Beth sy'n digwydd?
- Yn awr, gwnewch yr un peth mewn potel blastig â
  thopyn rwber arni. Yn gyntaf, rhowch ychydig o bowdr
  yn y botel. Yna, ychwanegwch ychydig o asid a rhowch y
  topyn yn ei le yn gyflym (ond nid yn rhy dynn).
- Beth sy'n effeithio ar uchder codi'r topyn? Cynlluniwch
  ymchwiliadau i ateb rhai o'r cwestiynau isod.

1 Pa asid gwanedig sy'n rhoi'r canlyniad gorau?
2 Ydy asid oer yn gweithio cystal ag asid ar dymheredd
  yr ystafell?
3 Sut mae crynodiad yr asid yn effeithio ar uchder codi'r
  topyn?
4 Beth yw'r cymysgedd gorau o asid a 'bi-carb'?

Pan fydd eich athro wedi gweld eich cynllun, profwch ef.

- Beth arall allai effeithio ar uchder y
  topyn? Cynlluniwch a gwnewch
  ymchwiliad i brofi eich syniadau.

5 Sut y gwyddoch chi fod adwaith cemegol yn digwydd yn eich roced?
6 Sut y gallwch chi wneud i'r topyn fynd ymhellach?
7 Pa ragofalon diogelwch rydych chi wedi eu defnyddio? Pam?
8 Beth sy'n gwneud i'r topyn saethu? (Awgrym: edrychwch ar yr hafaliad isod.)

Gallwch ddefnyddio hafaliad i ddisgrifio'r hyn sy'n digwydd yn y roced. Mae hwn
yn dangos y cemegion a ddefnyddiwyd (*yr adweithyddion*) a'r cemegion a
gynhyrchwyd (*y cynhyrchion*). Ar gyfer y roced, yr hafaliad yw:

Adweithyddion	**Cynhyrchion**
asid hydroclorig + sodiwm hydrogencarbonad →	sodiwm clorid + dŵr + carbon deuocsid

Adweithio neu beidio?

Dim ond rhai cemegion sy'n adweithio wrth eu cymysgu. Er mwyn i newidiadau
cemegol ddigwydd, rhaid i'r sylweddau fod yn ddigon adweithiol ac mae'n rhaid
i'w hatomau a'u molecylau ddod yn agos at ei gilydd.

Adweithiau araf a chyflym

Nid yw tywod a dŵr yn adweithio oherwydd nid yw tywod yn ddigon adweithiol.

Mae carreg galch a glaw asid yn adweithio'n araf. Mae glaw asid yn asid gwanedig iawn. Dim ond y tu allan i'r darn carreg galch y mae'n gallu ei gyrraedd.

Mae asid hydroclorig a phowdr sodiwm hydrogencarbonad yn adweithio'n gyflym. Mae'r asid hwn yn fwy crynodedig na glaw asid. Hefyd, oherwydd bod gan bowdr lawer mwy o arwyneb na thalp, mae'r asid yn gallu ymosod ar lawer o bowdr ar unwaith.

◄ *Mae'r garreg galch hon wedi bod yn adweithio â glaw am ganrifoedd*

Powdr gwn

Mae ffrwydron yn defnyddio powdr mân o ronynnau adweithiol iawn wedi eu cymysgu'n dda. Mae ffrwydrad powdr gwn yn dangos pa mor gyflym y gall cemegion adweithio. Mae'n debyg iddo gael ei ddyfeisio yn China. Yn 850 OC ysgrifennodd y cemegydd Cheng Yin mewn llyfr:

'Bu rhywrai'n cynhesu sylffwr, realgar a solpitar gyda mêl; cafwyd mwg a fflamau, fel bod eu dwylo a'u hwynebau wedi cael eu llosgi ac mae hyd yn oed y tŷ lle roedden nhw'n gweithio wedi llosgi i'r llawr.'

Mae'n siŵr mai hwn oedd y tro cyntaf i rywun ysgrifennu am gymysgedd ffrwydrol. Yn anffodus, roedd pobl eraill yn anwybyddu'r rhybudd ac roedd nifer yn cael damweiniau erchyll.

Erbyn 1000 OC roedd cemegwyr Chineaidd wedi cael y cymysgedd cywir. Ym 1404 OC cyhoeddodd yr awdur Tseng Kung-Liang fanylion y fformwla mewn llyfr. Defnyddiwyd powdr gwn mewn rocedi, grenadau a thaflwyr fflamau mewn brwydrau.

Cafodd cemegwyr Arabaidd y fformwla tua 1250 OC. Erbyn tua 1300 OC daeth arfau powdr gwn i Ewrop. Heddiw, fe'i defnyddir yn bennaf mewn tân gwyllt.

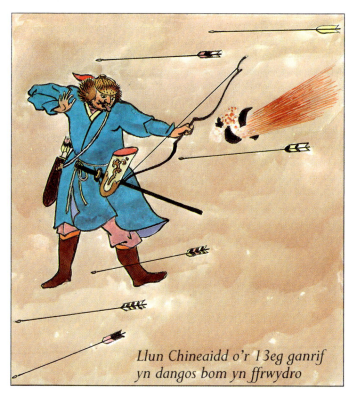

Llun Chineaidd o'r 13eg ganrif yn dangos bom yn ffrwydro

⚠ Peidiwch byth ag arbrofi â thân gwyllt na phowdr gwn.

YCHWANEGIADAU

1 Gwnewch ddwy restr: un o adweithiau cyflym ac un o adweithiau araf rydych chi'n eu gweld bob dydd. (Awgrym: mae rhydu yn adwaith araf.)

2 Mae cwmni teganau yn gwneud pecyn adeiladu model o roced ar gyfer plant naw oed. Mae'n defnyddio asid a 'bi-carb' fel eich roced chi. Mae'r cynhyrchwyr yn awyddus i'r pecyn ymddangos yn wyddonol, er mwyn i bobl ei brynu. Maen nhw angen eglurhad manwl i blant 9 oed o sut mae'n gweithio. Cynlluniwch daflen ar gyfer y pecyn. Cofiwch gynnwys rhybudd diogelwch. Byddai diagramau o help!

Mae cegin yn llawn o adweithiau cemegol.

● Rhestrwch y rhai a welwch chi yn y llun.

1 Sut y gwyddoch chi eu bod nhw'n adweithiau?

2 A allwch chi feddwl am adweithiau eraill sy'n digwydd yn eich cegin chi gartref?

Arsylwi

Gwneud i sylweddau adweithio

Bydd sylweddau adweithiol yn adweithio â nifer o sylweddau eraill. Efallai y bydd yn rhaid cynhesu neu ysgwyd sylweddau anadweithiol er mwyn eu helpu i adweithio. Nid yw rhai sylweddau yn adweithio o gwbl.

● Darganfyddwch beth sydd ei angen ar y sylweddau hyn er mwyn iddyn nhw adweithio:
—grisialau copor(II)sylffad,
—rhuban magnesiwm,
—soda golchi,
—naddion haearn,
—plisgyn wy.

● Gallwch roi cynnig ar:
—gynhesu ychydig ar hambwrdd metel,

—ei gymysgu â dŵr (Gwyliwch i weld a yw'r cemegyn yn toddi neu'n adweithio. Os yw'n toddi gallwch ei gael yn ôl yn hawdd.),
—ei gymysgu ag alcali gwanedig,
—ei gymysgu ag asid gwanedig.

● Cofiwch am ddiogelwch wrth wneud yr ymchwiliadau hyn.
—Gwisgwch sbectol ddiogelwch bob amser.
—Os cewch unrhyw sylwedd ar eich corff neu'ch dillad, golchwch ef â dŵr a rhowch wybod i'ch athro.

● Ar ôl pob ymchwiliad, lluniwch adroddiad yn nodi:
—a oes adwaith cemegol wedi digwydd,
—sut y gwyddoch chi.

Pam mae nwy yn llosgi?

Un adwaith pwysig yn y gegin yw llosgi nwy. I ddeall hyn mae'n rhaid deall atomau. Atomau yw'r gronynnau bach y mae pob sylwedd wedi eu gwneud ohonyn nhw. Byddai 100 miliwn o atomau hydrogen, wedi eu gosod yn rhes, yn mesur tua 1 cm.

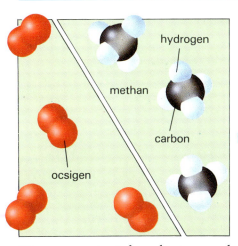

Mae nwy naturiol wedi ei wneud o folecylau methan. Mae pob molecwl yn cynnwys un atom carbon wedi ei uno â phedwar atom hydrogen. Mae nwy ocsigen yn cynnwys atomau ocsigen wedi eu cysylltu mewn parau.

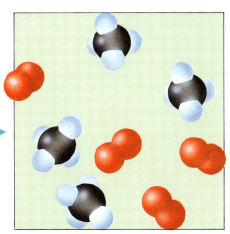

Mae molecylau ocsigen a methan yn symud trwy'r amser. Maen nhw'n taro yn erbyn ei gilydd. Ar dymheredd ystafell, nid ydyn nhw'n taro ei gilydd yn ddigon caled i wneud mwy na bowndio oddi ar ei gilydd.

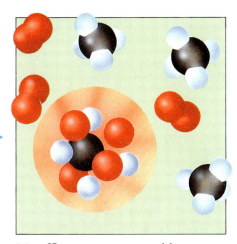

Mae fflam yn y cymysgedd yn gwneud i'r molecylau symud yn gyflymach. Mae'r atomau ym mhob molecwl hefyd yn dechrau dirgrynu mwy. Yn awr, mae'r molecylau yn taro ei gilydd yn galetach. Mae'r egni ychwanegol yn hollti'r molecylau ac yn ad-drefnu'r atomau.

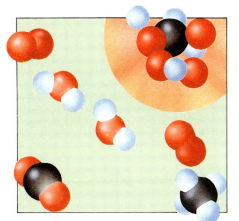

◀ Cynhyrchion yr adwaith yw dŵr a charbon deuocsid. Caiff gwres ei gynhyrchu hefyd ac mae hwn yn ddefnyddiol i goginio. Mae'r gwres yn gwneud i'r molecylau nwy eraill symud ynghynt, fel eu bod hwythau hefyd yn gallu adweithio.

Yr hafaliad ar gyfer yr adwaith nwy yw:

methan + ocsigen → dŵr (hydrogen ocsid) + carbon deuocsid

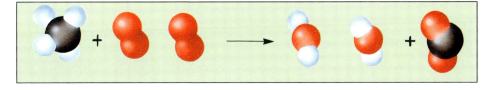

YCHWANEGIADAU

1 Ymchwiliwch i weld pa asidau yn y cartref yw'r mwyaf adweithiol. Gallech roi prawf ar finegr, *Coke*, sudd ffrwythau ac ati.

Profwch eu hadweithiau â soda golchi, powdr stumog neu bowdr coginio. Sut y byddwch chi'n penderfynu pa asid yw'r mwyaf adweithiol?

2 Gwnewch gynllun ar gyfer ymchwiliad i ateb un o'r cwestiynau hyn:
(a) Pa effaith mae cryfder asid yn ei gael ar ei adwaith â charreg galch?
(b) Pa effaith mae maint y darnau carreg galch yn ei gael?
(c) Rhagfynegwch yr hyn fyddai'n digwydd petaech chi'n rhoi cynnig ar eich ymchwiliad.

53

O bren y byddai arwynebau gwaith ceginau yn cael eu gwneud yn y gorffennol. Mae pren yn gwisgo'n dda, yn eithaf hawdd i'w lanhau ac, ers talwm, roedd yn eithaf rhad. Mae arwynebau gwaith modern fel arfer wedi eu gwneud o laminad plastig. Mae plastig yn gwisgo'n dda ac yn hawdd i'w lanhau. Gellir ei gael mewn lliwiau llachar ac mae'n hawdd i'w gynhyrchu ar raddfa eang. Mae coed a phlastig yn ddefnyddiau da ar gyfer arwynebau gwaith.

1 Pa ddefnyddiau newydd eraill y gallwch chi eu gweld yn y llun o'r gegin fodern?

2 Beth yw manteision ac anfanteision y defnyddiau hyn o'u cymharu â'r hen rai?

▲ *Cegin Castell Broderick*
100 mlynedd yn ôl

Cegin fodern ▶

Arsylwi

Defnyddiau cegin

Dewiswch o leiaf bum peth o'ch cegin gartref. Disgrifiwch bob un ohonyn nhw.

3 Sut mae'n edrych?

4 I ba bwrpas mae'n cael ei ddefnyddio?

5 O beth mae wedi ei wneud?

6 Pam mae wedi ei wneud o'r defnydd hwn?

Defnyddiau ar brawf

- Darganfyddwch ddefnyddiau addas i'r canlynol:

  —cynhwysydd *Coke*,   —dysgl ar gyfer ffwrn,   —llenwad dant,   —pecyn gwrth-ddŵr ar gyfer pys wedi eu rhewi

  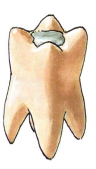 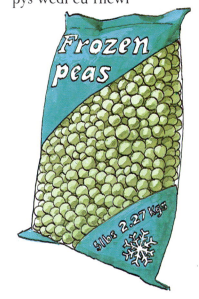

- Cynlluniwch brofion. Bydd yn rhaid i chi wneud:
  —profion ffisegol (Yn gryf? Yn hawdd i'w siapio? Yn chwalu?),
  —profion cemegol (Yn pydru? Yn adweithiol?).
  Cofiwch am ddiogelwch. Peidiwch â blasu unrhyw un o'r defnyddiau!

  Trafodwch eich cynllun â'ch athro cyn dechrau ar eich ymchwiliadau.

Profi metelau

- Cynlluniwch ymchwiliad i ddarganfod pa mor adweithiol yw metelau. Pwrpas hyn yw creu rhestr o fetelau â'r un mwyaf adweithiol ar y brig. Dangoswch eich cynllun i'ch athro cyn ei weithredu. Efallai y gall ddangos i chi brofion eraill sy'n rhy beryglus i chi eu gwneud eich hun.
- Ar ôl gwneud neu weld y profion, paratowch arddangosfa o ganlyniadau eich grŵp.
- Edrychwch ar ganlyniadau grwpiau eraill. Ydy'ch rhestrau chi yr un fath?

Beth i chwilio amdano

Prawf	Metel adweithiol iawn	Metel adweithiol	Metel anadweithiol
Adwaith mewn aer	adweithio heb ei gynhesu	adweithio wrth ei gynhesu	dim newid (ond gall ymdoddi)
Adwaith mewn dŵr	adweithio â dŵr oer	adweithio â dŵr poeth	dim adwaith
Adwaith mewn asid gwanedig	adwaith ffyrnig (peryglus)	adweithio'n gyflym	adweithio'n araf neu ddim o gwbl

---

1 Dewiswch ddau fetel yn eich cartref nad ydych wedi eu profi yn y dosbarth. Er enghraifft, cromiwm wedi ei blatio ar feic, haearn (hoelion), pres (dolen drws, addurn). Nodwch ym mhle y byddech yn eu rhoi ar eich rhestr adweithio. Eglurwch eich ateb.

2 Mae copor yn llai adweithiol na phlwm.
(a) Pam mae hyn yn gwneud copor yn well ar gyfer pibelli dŵr yn eich cartref?
(b) Pam mae pibelli plastig mewn rhai cartrefi heddiw?

Cynllunio

3 Un dull o gael gwared o wastraff niwclear yw ei gladdu.
(a) Pa ddefnydd y byddech chi'n ei ddewis i wneud cynhwysydd i'r gwastraff hwn? (Gweler 13.11.)
(b) Cynlluniwch ymchwiliad i ddarganfod pa un sy'n effeithio fwyaf ar gryfder y cynhwysydd:
—y math o ddefnydd a ddewiswyd,
—trwch y defnydd.

Rydych wedi defnyddio llawer o gemegion yn eich gwersi gwyddoniaeth. Rydych yn defnyddio rhai eraill, fel dŵr a siwgr, heb hyd yn oed feddwl amdanyn nhw.

Mae'r rhan fwyaf o gemegion yn gymhleth iawn. Maen nhw wedi eu gwneud o wahanol atomau wedi eu cysylltu mewn gwahanol ffyrdd. Yn ffodus, does dim llawer o fathau o atomau.

Mae rhai cemegion yn cynnwys un math o atom yn unig. Elfennau yw'r cemegion hyn. Mewn elfen, mae pob atom yr un fath.

Mae gwahanol elfennau yn adweithio â'i gilydd i ffurfio cyfansoddion. Mae'r rhan fwyaf o'r pethau o'n cwmpas yn gyfansoddion. Mae'r cyfansoddion hyn, fel arfer, wedi eu gwneud o rai o'r elfennau sy'n cael eu rhestru yma.

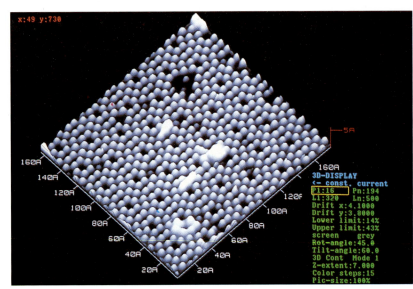

Llun o atomau silicon wedi ei dynnu â microsgop electron

Dosbarthu elfennau i grwpiau

Arsylwi

- Defnyddiwch y wybodaeth a'ch profion i ddosbarthu elfennau i dri neu bedwar grŵp. Ceisiwch ddewis eich grwpiau fel bod yr elfennau ym mhob grŵp yn ymddwyn yr un fath. Efallai y bydd eich athro yn gallu dangos elfennau eraill i chi. Dyma rai pethau i chwilio amdanyn nhw:

—Ydy'r elfen yn adweithiol neu'n anadweithiol?
—Ydy hi'n loyw neu'n ddwl?
—Ydy hi'n galed neu'n feddal?
—Ydy hi'n plygu neu'n hollti?
—Ydy hi'n gallu dargludo trydan?

- Defnyddiwch eich canlyniadau i lunio allwedd ar gyfer adnabod yr elfennau a welsoch.

1 Ym mha un o'ch grwpiau elfennau y byddech chi'n rhoi'r elfennau hyn? Eglurwch eich dewis.

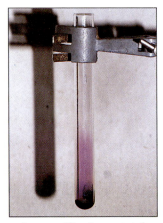

Mae ïodin yn ffurfio grisialau brau porffor-du. Mae'r grisialau yn troi'n nwy porffor wrth eu cynhesu'n araf. Nid yw ïodin yn adweithio ag ocsigen nac yn dargludo trydan.

Mae rwbidiwm yn brin iawn. Metel llwyd meddal yw hwn. Mae'n adweithio ag aer mor hawdd fel bod yn rhaid ei gadw mewn olew. Mae'n ffrwydro wrth ei ollwng i ddŵr oer.

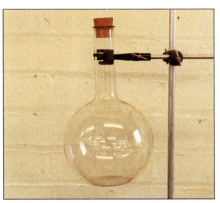

Dim ond 0.05% o'r atmosffer yw heliwm. Mae'n ysgafnach nag aer ac mae'n ddi-liw a di-arogl. Nid yw'n adweithio'n hawdd â chemegion eraill.

Alwminiwm Al Solid
Canran 8.5%
Màs atomig cymharol 27
Mae alwminiwm yn fetel ysgafn, cryf. Mae ar gael yn naturiol mewn bawcsit. Gellir echdynnu'r metel wrth ei ymdoddi a rhoi cerrynt trydan trwy'r mwyn tawdd. Mae angen tymheredd o 900°C. Grisialau lliw o alwminiwm ocsid yw rhuddem a saffir. Defnyddir alwminiwm ar gyfer caniau diod a ffoil coginio. Defnyddir aloi alwminiwm mewn awyrennau.

Argon Ar Nwy
Canran 0.000 004%
Màs atomig cymharol 40
Nwy anadweithiol di-liw yw argon. Ni fydd yn adweithio'n hawdd ag unrhyw beth. Gellir ei echdynnu o'r aer. Defnyddir ef weithiau ar gyfer bylbiau golau gan nad yw'n adweithio â ffilament poeth. Defnyddir argon yn aml mewn tiwbiau fflwroleuo.

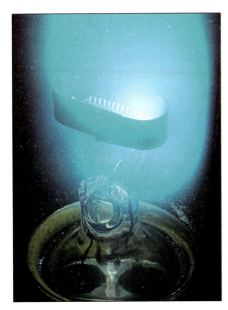

Bwlb golau wedi ei lenwi ag argon

Bariwm Ba Solid
Canran 0.1%
Màs atomig cymharol 137
Metel caled yw bariwm. Mae'n ddefnyddiol oherwydd ni all pelydrau X fynd trwy ei gyfansoddion. Weithiau mae pobl sy'n dioddef o broblemau'r system dreulio yn cael 'pryd bwyd' yn cynnwys cyfansoddion bariwm. Mae llun pelydr X o'r claf yn dangos y perfedd yn wyn.

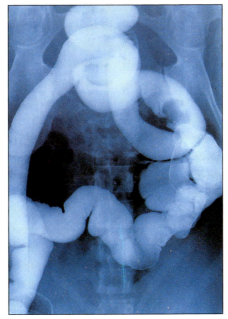

Llun pelydr X o stumog â'r coluddion wedi eu hamlygu gan 'bryd bwyd' bariwm

Beryliwm Be Solid
Canran 0.01%
Màs atomig cymharol 9
Elfen gref ysgafn iawn sy'n dargludo gwres yn dda ond nad yw'n dargludo trydan. Gall ymbelydredd fynd yn syth trwy'r beryliwm ac mae'n cael ei ddefnyddio mewn achosion arbennig yn y diwydiant awyrennau ac mewn peiriannau mesur pelydr X. Defnyddir beryliwm ocsid mewn rhai cydrannau electronig.

Boron B Solid
Canran 0.0003%
Màs atomig cymharol 11
Gwelir boron fel arfer ar ffurf powdr du. Mae'n galed iawn ac yn anadweithiol. Gellir defnyddio cyfansoddion boron i wneud math o wydr. Caiff boracs, sy'n gyfansoddyn o boron, ei ddefnyddio mewn rhai cemegion gwrth-dân.

Bromin Br Hylif
Canran 0.000 04%
Màs atomig cymharol 80
Hylif trwm coch yw bromin. Mae'n wenwynig a gall gannu papur pH yn

wyn. Echdynnir ef o ddŵr môr. Defnyddir cyfansoddion bromin mewn jacwsi i gael gwared o germau. Mae hyn yr un fath â defnyddio clorin mewn pyllau nofio.

Calsiwm Ca Solid
Canran 3.8%
Màs atomig cymharol 40
Metel llwyd brau yw calsiwm. Mae'n adweithio'n araf â dŵr i gynhyrchu hydrogen ac alcali gwyn llaethog, calsiwm hydrocsid. Mae calsiwm i'w gael mewn cyfansoddion o'n cwmpas: carreg galch, calch, esgyrn, dannedd a chregyn anifeiliaid y môr. Mae llaeth a chaws yn ffynonellau da o galsiwm.

Metel calsiwm mewn dŵr

Carbon C Solid
Canran 0.03%
Màs atomig cymharol 12
Solid du ac mae ganddo sawl ffurf yn amrywio o graffit meddal (min pensil) i ddiemwnt. Mae carbon yn sail i lawer o folecylau mawr. Mae nifer ohonynt yn rhan o bob peth byw. Mae tanwydd ffosil yn cynnwys carbon. Efallai fod y carbon deuocsid sy'n cael ei gynhyrchu wrth i'r tanwydd hwn losgi yn achosi i'r Ddaear gynhesu.

Clorin Cl Nwy
Canran 0.03%
Màs atomig cymharol 35
Nwy gwenwynig melyn-wyrdd yw clorin. Defnyddir ef i lanhau dŵr tap ac i gadw pyllau nofio yn glir o germau. Defnyddir clorin ar gyfer nifer o bethau eraill gan gynnwys cynhyrchu plastigion, llifynnau a chyffuriau.

Copor   Cu   Solid
Canran   0.003%
Màs atomig cymharol   64
Metel meddal lliw oren sy'n dargludo gwres a thrydan yn dda iawn yw copor. Defnyddir ef mewn gwifrau trydan a phibelli dŵr mewn cartrefi. Nid yw'n adweithiol iawn a chymysgir ef yn aml â metelau eraill i wneud aloiau defnyddiol. Mae pres yn gymysgedd o 30% copor a 70% zinc.

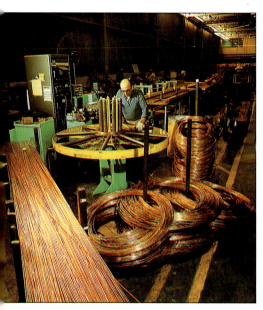

Tiwbiau copor

Fflworin   F   Nwy
Canran   0.1%
Màs atomig cymharol   19
Nwy adweithiol iawn yw fflworin. Gyda hydrogen mae'n cynhyrchu nwy asidig sy'n gallu toddi gwydr. Credir mai cyfansoddion o fflworin, a elwir yn CFC, sy'n niweidio'r haen osôn. Defnyddir CFC i wneud cwpanau plastig ac mewn oergelloedd a chwistrellyddion aerosol. Mae PTFE yn blastig defnyddiol sy'n cynnwys fflworin.

Aur   Au   Solid
Canran   0.000 000 5%
Màs atomig cymharol   197
Metel meddal melyn sydd i'w gael ym myd natur fel elfen anadweithiol yw aur. Oherwydd hyn, roedd yn un o'r metelau cyntaf i'w ddefnyddio gan bobl. Nid yw asid yn ymosod arno ac mae'n para am filoedd o flynyddoedd heb golli ei liw. Defnyddir ef mewn cydrannau electronig cain a gemwaith.

Gwneud gemwaith aur yn Ghana

Hydrogen   H   Nwy
Canran   0.1%
Màs atomig cymharol   1
Hydrogen yw'r elfen fwyaf cyffredin yn y bydysawd, a'r ysgafnaf. Nid oes gan hydrogen flas, arogl na lliw ac mae'n llosgi'n gyflym iawn mewn ocsigen i gynhyrchu dŵr. Fe'i ceir mewn nifer o gyfansoddion e.e. asidau, carbohydradau fel siwgr, proteinau, braster a phren. Roedd y llong aer *Hindenburg* wedi ei llenwi â hydrogen. Rhoddodd gwreichionen hi ar dân a llosgodd y llong yn llwyr wrth i'r nwy adweithio ag aer.

Yr Hindenburg yn cael ei dinistrio ger Efrog Newydd ym 1937

Haearn   Fe   Solid
Canran   5.2%
Màs atomig cymharol   56
Haearn yw'r metel sy'n cael ei ddefnyddio fwyaf yn y byd. Mae haearn pur yn rhydu mewn aer llaith ac felly mae'n cael ei wneud yn aloi neu'n cael ei blatio gyda metelau eraill. Mae dur yn aloi o haearn gyda meintiau bach o fetelau eraill a charbon.

Gweithio mewn ffowndri haearn yn Sheffield

Krypton   Kr   Nwy
Canran   0.000 000 02%
Màs atomig cymharol   84
Mae krypton, fel argon a neon, yn un o'r nwyon anadweithiol (nwyon nobl). Nid yw'n adweithio'n hawdd ag unrhyw beth. Gellir ei echdynnu o'r aer. Nid oes ganddo arogl, lliw na blas. Defnyddir ef mewn bylbiau golau a thiwbiau fflwroleuo.

Plwm   Pb   Solid
Canran   0.002%
Màs atomig cymharol   207
Mae plwm yn fetel llwyd, meddal, trwm a geir yn bennaf ar ffurf y mwyn galena. Yn aml, mae darnau bach o aur ac arian wedi eu cymysgu gyda'r mwyn. Defnyddiwyd plwm am nifer o flynyddoedd ar doeon ac i wneud pibelli dŵr oherwydd ei fod yn hawdd i'w siapio ac yn adweithio'n araf iawn â dŵr. Gwneir potiau a mygiau piwter o aloi sy'n 20% plwm a 80% tun.

Lithiwm Li Solid
Canran   0.01%
Màs atomig cymharol 7
Metel meddal ysgafn yw lithiwm. Mae'n adweithio'n gyflym â dŵr oer gan greu nwy hydrogen a thoddiant alcalïaidd. Mae'n adweithio'n araf ag aer ac fel arfer mae'n cael ei storio mewn olew.

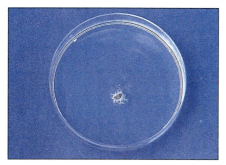

Metel lithiwm mewn dŵr

Magnesiwm Mg Solid
Canran   2.2%
Màs atomig cymharol 24
Metel ysgafn sy'n llosgi'n hawdd mewn ocsigen gan roi golau gwyn, llachar yw magnesiwm. Mae'n adweithio â dŵr gan ryddhau hydrogen a gadael toddiant alcalïaidd. Byddai ffotograffwyr cynnar yn defnyddio powdr magnesiwm fel fflach. Heddiw, defnyddir magnesiwm mewn aloiau ysgafn.

Tân gwyllt yn cynnwys magnesiwm

Manganis Mn Solid
Canran   0.1%
Màs atomig cymharol 55
Metel llwyd yw manganis. Defnyddir ef gyda haearn i wneud aloiau dur caled iawn. Mae talpiau o fanganis, a elwir yn nodylau, wedi eu darganfod ar wely'r môr mewn rhannau o'r cefnforoedd dwfn. Yn y dyfodol, efallai y bydd rhywun yn eu casglu i'w defnyddio.

Mercwri Hg Hylif
Canran   0.000 05%
Màs atomig cymharol 201
Mercwri yw'r unig fetel sy'n hylif ar dymheredd ystafell. Mae'n rhewi ar −39°C. Mae cyfansoddion mercwri yn aml yn wenwynig iawn. Fodd bynnag, gellir gwneud amalgam (math o aloi) ohono i'w ddefnyddio i lenwi dannedd. Y mwyn mercwri pwysicaf yw cinabar, sef mercwri sylffid.

Metel mercwri ar dymheredd ystafell

Neon Ne Nwy
Canran   0.000 000 007%
Màs atomig cymharol 20
Nwy anadweithiol yw neon ac nid yw'n uno'n hawdd ag unrhyw beth. Pan fo foltedd uchel yn cael ei gysylltu i diwb o nwy neon, mae'r atomau neon yn amsugno peth o'r egni. Mae'r atomau yn rhyddhau'r egni eto fel golau coch, llachar. Mae arwyddion hysbysebu yn defnyddio tiwbiau neon yn aml i roi golau coch.

Nitrogen N Nwy
Canran   0.02%
Màs atomig cymharol 14
Nwy di-liw, heb arogl na blas, yw nitrogen. Nid yw'n adweithio'n dda iawn ond mae'n rhan o nifer o gyfansoddion pwysig. Mae protein mewn pethau byw, neilon, gwrtaith, asid nitrig, powdr gwn a ffrwydron eraill, yn cynnwys nitrogen.

Ocsigen O Nwy
Canran   49.9%
Màs atomig cymharol 16
Ocsigen yw 20% o'r aer. Nwy di-liw, di-flas, heb unrhyw arogl yw ocsigen. Mae ychydig yn drymach nag aer ac mae'n hanfodol i bobl. Bydd cleifion sy'n dioddef o ysgyfaint gwan yn cael ocsigen ychwanegol mewn ysbytai. Mae nifer o bethau yn cynnwys cyfansoddion o ocsigen wedi eu huno ag elfennau eraill e.e. y rhan fwyaf o fwydydd, pob peth byw, y rhan fwyaf o bethau bob dydd. Mae osôn yn ffurf ar ocsigen. Yn uchel yn yr atmosffer, mae'n ein hamddiffyn rhag ymbelydredd niweidiol. Ar lefel y ddaear mae'n gallu, mewn gwirionedd, gwneud niwed i'r ysgyfaint.

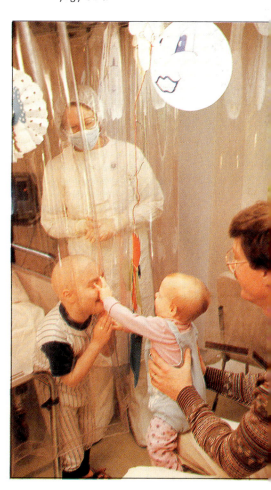

Plentyn sydd wedi cael organ newydd yn aros mewn man anheintiol lle mae'r atmosffer yn cynnwys mwy nag arfer o ocsigen

Potasiwm K Solid
Canran 2.7%
Màs atomig cymharol 39
Metel meddal, llwyd sy'n llosgi'n hawdd mewn aer gan roi fflam binc yw potasiwm. Mae'n adweithio'n ffyrnig â dŵr gan ryddhau hydrogen a gadael toddiant alcalïaidd. Mae'r adwaith yn poethi cymaint fel bod yr hydrogen yn llosgi fel arfer. Mae potasiwm yn rhan o bob peth byw a gellir ei weld mewn llwch esgyrn, gwymon, chwys defaid a betys siwgr.

Metel potasiwm mewn dŵr

Silicon Si Solid
Canran 23.8%
Màs atomig cymharol 28
Mae silicon ar ffurf powdr brown, caled a grisial llwyd, gloyw. Mae'n elfen gyffredin a gwelir cyfansoddion silicon mewn llawer o greigiau. Silica yw tywod, cyfansoddyn o silicon ac ocsigen. Mae silicon yn dargludo trydan yn well nag ynysyddion ond dim cystal â'r rhan fwyaf o ddargludyddion. Oherwydd hyn, gelwir ef yn lled-ddargludydd. Defnyddir ef i wneud sglodion silicon—sail pob cyfrifiannell a chyfrifiadur.

Arian Ag Solid
Canran 0.000 01%
Màs atomig cymharol 108
Metel gwyn, trwm, gloyw a welir yn aml fel amhuredd mewn mwynau plwm a chopor yw arian. Mae arian yn dargludo gwres a thrydan yn well nag unrhyw elfen arall. Defnyddir cyfansoddion arian mewn ffotograffiaeth. Mae arian bromid yn newid yn arian wrth i olau ddisgyn arno. Mae'r adwaith hwn, fel arfer, yn araf ond gall cemegion a ddefnyddir mewn ffotograffiaeth ei gyflymu i gynhyrchu llun.

Sodiwm Na Solid
Canran 3.0%
Màs atomig cymharol 23
Metel meddal, llwyd sy'n llosgi'n hawdd mewn aer yw sodiwm. Mae'n adweithio'n ffyrnig â dŵr oer i gynhyrchu nwy hydrogen a gadael toddiant alcalïaidd cryf. Mae'r adwaith yn poethi cymaint fel bod y sodiwm yn ymdoddi ac yn arnofio ar yr wyneb fel pêl loyw o fetel arian. Mae cyfansoddion sodiwm i'w cael ym mhob peth byw ac ar ffurf sodiwm clorid yn y môr.

Metel sodiwm mewn dŵr

Tun Sn Solid
Canran 0.004%
Màs atomig cymharol 119
Roedd y Rhufeiniaid yn arfer mwyngloddio mwyn tun, sef casiterit, yng Nghernyw. Mae mwyngloddio tun wedi peidio â bod bron yng Nghernyw erbyn hyn oherwydd gostyngiad yn y galw am y metel. Tun wedi ei blatio ar aloi haearn yw'r caniau 'tun'. Caiff haearn glân ei drochi mewn baddon o dun tawdd. Mae'r tun yn ffurfio haen denau dros yr haearn. Mae hyn yn atal yr aer rhag cyrraedd yr haearn a'i rydu.

Titaniwm Ti Solid
Canran 0.3%
Màs atomig cymharol 48
Metel ysgafn ond cryf yw titaniwm. Defnyddir ef yn aml gyda haearn i wneud aloiau caled. Mae dur titaniwm yn hynod ddefnyddiol ar gyfer rhannau o beiriannau awyrennau sy'n gorfod gwrthsefyll tymheredd uchel. Mae titaniwm yn llosgi mewn aer i gynhyrchu ocsid gwyn sy'n cael ei ddefnyddio i wneud paent gwyn.

Zinc Zn Solid
Canran 0.06%
Màs atomig cymharol 65
Metel caled yw zinc. Nid yw'n cyrydu mewn aer. Defnyddir ef yn aml mewn aloiau gyda chopor. Mae'r aloiau hyn yn gryf ac yn gwrthsefyll cyrydiad hyd yn oed yn nŵr y môr. Defnyddir yr aloiau hyn yn aml i wneud propeler a'r hwl ar gyfer llong. Weithiau defnyddir zinc fel haen amddiffynnol ar fetelau eraill, er enghraifft haearn. Galfanu yw'r enw ar hyn. Mae rhai rhannau o geir wedi eu galfanu. Mae'r cynhyrchwyr yn trochi'r haearn glân mewn zinc tawdd.

Galfanu pibelli trwy eu trochi mewn tanc o zinc tawdd

Y Tabl Cyfnodol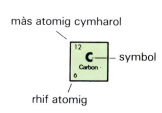

Rhestr o elfennau yw'r Tabl Cyfnodol. Rydych yn ei 'ddarllen' fel llyfr, o'r gornel uchaf ar y chwith i'r gwaelod ar y dde. Y rhai cyntaf yw'r elfennau ag atomau ysgafn. Wrth i chi fynd ar draws ac i lawr, mae'r atomau ym mhob elfen yn drymach. Mae elfennau sydd o dan ei gilydd yn debyg. Fel arfer, maen nhw'n adweithio yn yr un ffordd. Weithiau, maen nhw'n edrych yn debyg hefyd. Mae'r elfennau sydd yn yr un golofn yn perthyn i'r un *grŵp*.

màs atomig cymharol — symbol — rhif atomig

(Periodic table)

1 H Hydrogen 1																	4 He Helium 2
7 Li Lithiwm 3	9 Be Beryliwm 4											11 B Boron 5	12 C Carbon 6	14 N Nitrogen 7	16 O Ocsigen 8	19 F Fflworin 9	20 Ne Neon 10
23 Na Sodiwm 11	24 Mg Magnesiwm 12											27 Al Alwminiwm 13	28 Si Silicon 14	31 P Ffosfforws 15	32 S Sylffwr 16	35.5 Cl Clorin 17	40 Ar Argon 18
39 K Potasiwm 19	40 Ca Calsiwm 20	45 Sc Scandiwm 21	48 Ti Titaniwm 22	51 V Vanadiwm 23	52 Cr Cromiwm 24	55 Mn Manganis 25	56 Fe Haearn 26	59 Co Cobalt 27	59 Ni Nicel 28	63.5 Cu Copor 29	65 Zn Zinc 30	70 Ga Galiwm 31	73 Ge Germaniwm 32	75 As Arsenig 33	79 Se Seleniwm 34	80 Br Bromin 35	84 Kr Krypton 36
85 Rb Rwbidiwm 37	88 Sr Strontiwm 38	89 Y Ytriwm 39	91 Zr Zirconiwm 40	93 Nb Niobiwm 41	96 Mo Molybdenwm 42	Tc Technetiwm 43	101 Ru Rwtheniwm 44	103 Rh Rhodiwm 45	106 Pd Paladiwm 46	108 Ag Arian 47	112 Cd Cadmiwm 48	115 In Indiwm 49	119 Sn Tun 50	122 Sb Antimoni 51	128 Te Telwrwm 52	127 I Iodin 53	131 Xe Xenon 54
133 Cs Caesiwm 55	137 Ba Bariwm 56	139 La Lanthanwm 57	178 Hf Haffniwm 72	181 Ta Tantalwm 73	184 W Twngsten 74	186 Re Rheniwm 75	190 Os Osmiwm 76	192 Ir Iridiwm 77	195 Pt Platinwm 78	197 Au Aur 79	201 Hg Mercwn 80	204 Tl Thaliwm 81	207 Pb Plwm 82	209 Bi Bismwth 83	Po Poloniwm 84	At Astatin 85	Rn Radon 86
Fr Ffranciwm 87	Ra Radiwm 88	Ac Actiniwm 89															

140 Ce Ceriwm 58	141 Pr Praseodymiwm 59	144 Nd Neodymiwm 60	Pm Promethiwm 61	150 Sm Samariwm 62	152 Eu Ewropiwm 63	157 Gd Gadoliniwm 64	159 Tb Terbiwm 65	162 Dy Dysprosiwm 66	165 Ho Holmiwm 67	167 Er Erbiwm 68	169 Tm Thwliwm 69	173 Yb Yterbiwm 70	175 Lu Lwtetiwm 71
232 Th Thoriwm 90	Pa Protactiniwm 91	238 U Uraniwm 92	Np Neptwniwm 93	Pu Plutoniwm 94	Am Americiwm 95	Cm Curiwm 96	Bk Berkeliwm 97	Cf Califforniwm 98	Es Einsteiniwm 99	Fm Ffermiwm 100	Md Mendelefiwm 101	No Nobeliwm 102	Lw Lawrensiwm 103

- Ysgrifennwch elfennau un grŵp o'r Tabl Cyfnodol. Darganfyddwch:
  —sut maen nhw'n debyg,
  —sut maen nhw'n wahanol.

- Defnyddiwch y grŵp rydych chi wedi ei ddewis. Darganfyddwch a yw'r grŵp yn mynd yn fwy adweithiol, llai adweithiol, neu'n aros yr un fath wrth i'r elfennau drymhau.

- Ar gopi gwag o'r Tabl Cyfnodol, defnyddiwch liwiau i ddangos lle mae'r solidau, yr hylifau a'r nwyon. Beth welwch chi? Gwnewch ragfynegiadau ynglŷn â'r elfennau nad ydych yn sicr ohonyn nhw.

- Ar gopi gwag arall o'r tabl, defnyddiwch liwiau i ddangos lle mae'r metelau a'r anfetelau. Beth welwch chi?

- Nid yw hydrogen mewn grŵp yn y Tabl Cyfnodol uchod. Ym mha grŵp y byddech chi'n ei roi? Eglurwch eich dewis.

YCHWANEGIADAU

Cyfathrebu

1 Mae'n rhaid i chi roi cyflwyniad yn ystod darlith Nadolig i ysgolion cynradd. Dewiswch un elfen i'w thrafod. Cynlluniwch eich darlith a'ch cyflwyniad i barhau am tua phum munud. Cofiwch na fydd plant un ar ddeg oed yn gwybod beth yw elfen.

2 (a) Gwnewch gronfa ddata cyfrifiadur o'r elfennau a brofwyd gennych. Dylai'r gronfa ddata allu dweud sut un yw'r elfen ac i beth y caiff ei defnyddio.
(b) A oes unrhyw grwpiau sy'n ymddangos fel petaen nhw ddim yn ffitio gyda'i gilydd? Pa rai? Beth sy'n wahanol ynglŷn â'r elfennau ynddyn nhw?

- Mae pob un o'r cynwysyddion isod yn dal nwy. Rhestrwch y nwyon a nodwch i beth y caiff pob un ei ddefnyddio.

Gwneud hydrogen ⚠

Sgiliau Sylfaenol

- Gwnewch a chasglwch ychydig o hydrogen fel yn y llun ar y dde. Byddwch yn ofalus. Mae hydrogen yn gallu ffrwydro mewn aer. Peidiwch â gadael i unrhyw fflam fod yn agos at eich potel na'ch tiwb trosglwyddo. Hefyd, dylech ddefnyddio fflasg blastig a sgrîn ddiogelwch.

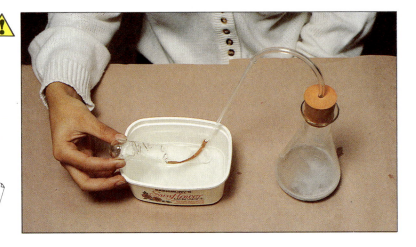

Llosgi hydrogen

- Profwch eich nwy ymhell oddi wrth unrhyw offer cynhyrchu hydrogen. Gwyliwch a gwrandewch yn ofalus.
  - —Tynnwch y topyn oddi ar y tiwb prawf.
  - —Yn gyflym, daliwch sblint ynghynn yn union uwchben y tiwb prawf. Os bydd y tiwb yn llawn hydrogen, bydd y nwy yn llosgi gan achosi swn 'pop' isel.
- Yna, casglwch ychydig o hydrogen mewn tiwb sy'n hanner llawn o aer yn barod.
- Cyneuwch y cymysgedd hwn. Sut mae'n llosgi? Beth arall welwch chi?
- Darganfyddwch pa un yw'r cymysgedd mwyaf peryglus (swnllyd) o aer a hydrogen.

Esboniad ffrwydrol

Wrth i hydrogen ac ocsigen adweithio, maen nhw'n cynhyrchu dŵr. Gallwch weld y dŵr hwn fel cyddwysedd yn y tiwb ar ôl gwneud i'r hydrogen fynd 'pop'.

Cyfansoddyn yw dŵr. Mae cyfansoddion yn cynnwys o leiaf ddau wahanol fath o atom wedi eu huno â'i gilydd.

1 Cymysgedd o folecylau ocsigen a hydrogen

Mae dau atom ym molecylau hydrogen ac ocsigen. Mae'r molecylau yn taro yn erbyn ei gilydd, ond yn bowndio'n ôl. Nid ydyn nhw'n symud yn ddigon cyflym i achosi unrhyw newidiadau. Nid oes dŵr yn ffurfio.

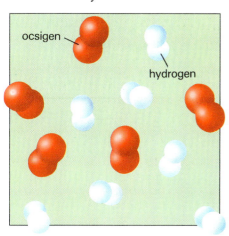

2 Cyfansoddyn, dŵr (H_2O), yn cael ei greu

Mae'r gwres o'r sblint sy'n llosgi yn gwneud i'r molecylau symud ynghynt. Mae hyn yn gwneud iddyn nhw daro ei gilydd yn galetach. Mae'r hen folecylau yn gwanhau ac mae rhai newydd yn cael eu ffurfio. Mae gwres yn cael ei ryddhau.

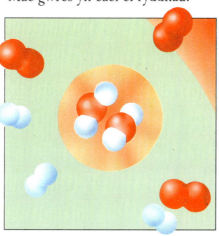

3 Yr adwaith yn ymledu

Mae'r gwres o'r adwaith yn gwneud i'r molecylau eraill symud ynghynt. Maen nhw'n taro ei gilydd yn galetach. Mewn ffracsiwn o eiliad, gall mwy nag 1 miliwn miliwn miliwn o folecylau adweithio yn eich tiwb prawf.

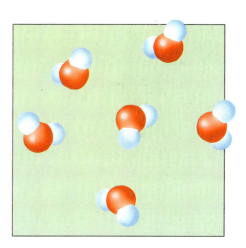

Gallwn ddangos yr adwaith hwn mewn geiriau:

hydrogen   +   ocsigen   →   hydrogen ocsid (dŵr)

Mewn symbolau:

$$2H_2 \quad + \quad O_2 \quad \rightarrow \quad 2H_2O$$

Mewn diagram:

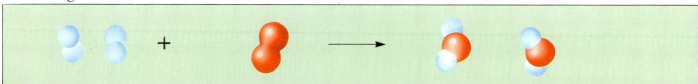

YCHWANEGIADAU

1 Mae sylffwr deuocsid yn nwy asidig peryglus iawn. Caiff ei gynhyrchu pan fo glo yn llosgi. Mae'n toddi mewn dŵr yn yr aer ac yn helpu i wneud y glaw yn asidig. Cynlluniwch amsugnydd sylffwr deuocsid ar gyfer simnai gorsaf bŵer. Meddyliwch:
—beth ddefnyddiwch chi i amsugno'r nwy,
—sut y byddwch chi'n profi bod y nwy wedi ei dynnu o'r aer.
Os bydd eich cynllun yn un da, efallai y cewch gyfle i'w wneud. ⚠️

2 Lluniwch siart rhediad syml sy'n egluro'n union yr hyn sy'n digwydd pan fo hydrogen yn 'popio'.

3 Mae'r cymysgedd mwyaf swnllyd o hydrogen ac aer yn cynnwys dwy ran o hydrogen i bum rhan o aer. Pam?

15·8 Poen stumog

Mae eich stumog yn cynnwys cyfansoddyn asidig cryf o'r enw asid hydroclorig. Mae'n cael ei gynhyrchu gan gelloedd arbennig yn wal y stumog. Mae gan yr asid ddwy dasg:
—lladd unrhyw germau y byddwch chi'n eu bwyta gyda'ch bwyd,
—helpu i ddadelfennu'r bwyd.

Weithiau mae'r stumog yn cynhyrchu gormod o asid, gan achosi poen yn y stumog. Gall powdr stumog niwtralu'r asid. Mae hyn, fel arfer, yn help i leddfu'r boen. Mae'r adwaith hefyd yn cynhyrchu nwy carbon deuocsid. Pa broblemau mae hyn yn gallu eu hachosi?

Niwtralu stumog asidig

Defnyddiwch 5 cm^3 o asid hydroclorig gwanedig (1 M) mewn fflasg fel model o stumog asidig.

Defnyddiwch 5 cm^3 o asid hydroclorig gwanedig ei niwtralu. Gallech roi cynnig ar:
—halen (sodiwm clorid),
—soda golchi (sodiwm carbonad),
—marmor (sglodion calsiwm carbonad),
—sialc (powdr calsiwm carbonad),
—toddiant amonia,
—dŵr.

● Darganfyddwch:
  —pa sylweddau sy'n gweithio,
  —faint o bob un sydd ei angen i niwtralu'r asid.

Ymchwilio

Gwneud tabledi

Mae'n rhaid i foddion wneud dau beth. Mae'n rhaid dechrau lleddfu'r boen ar unwaith. Hefyd mae'n rhaid parhau i weithio am beth amser.

● Defnyddiwch sglodion marmor a'ch model o'r stumog i ddarganfod sut y gallwch chi wneud i'r adwaith ddechrau'n gyflym ond hefyd barhau am amser.
—Ni chewch newid tymheredd yr asid. Pam?

—Ni chewch roi unrhyw beth sy'n wenwynig i'r claf.
—Gallwch wneud melysion mintys â phast o siwgr eisin a blasyn mintys poeth gydag ychydig o ddŵr. Mae'r siwgr yn gweithredu fel glud. A allwch chi ddefnyddio'r syniad hwn i wneud tabled i'r stumog?

Darganfyddwch ateb i broblem y dabled stumog. Peidiwch â llyncu'r dabled i'w phrofi!

Cyflymder adweithiau

Mae asid a phowdr stumog yn adweithio pan fo'r gronynnau asid yn cyrraedd y powdr. Mae pob smotyn o bowdr yn cynnwys miliynau o ronynnau calsiwm carbonad. Mae'n rhaid i'r gronynnau asid allu taro'r gronynnau calsiwm carbonad yn ddigon caled i dorri'r bondiau sy'n uno'r atomau.

Mae tri dull hawdd o arafu'r adwaith:

1 Oeri'r asid	**2 Gwneud yr asid yn fwy gwan**	**3 Gwneud talpiau o'r powdr**
Mae hyn yn achosi i'r gronynnau asid symud yn arafach. Dydyn nhw ddim yn taro'r powdr yn ddigon caled i adweithio.	Bydd hyn yn golygu bod llai o ronynnau asid yn cyrraedd y powdr.	Ar y dechrau, dim ond â thu allan y talpiau y bydd yr asid yn gallu adweithio.

Tabledi oedi'r effaith

Mae'r capswl yn y llun yn un ateb i'r broblem o roi dogn gyson o gyffur. Mae'r peli bach a welwch yn cynnwys y cyffur pwysig. Maen nhw'n cael eu cadw mewn capswl er mwyn eu gwneud yn hawdd i'w llyncu.

Y tu mewn i'r corff, mae plisgyn y capswl yn toddi'n gyflym i ryddhau'r peli bach lliw. Mae'r rhain yn toddi ar wahanol gyflymder. Mae un math yn toddi'n gyflym i ryddhau cyflenwad o'r cyffur. Wrth i hwn gael ei ddefnyddio gan y corff, mae'r peli eraill yn toddi'n arafach. Wrth i'r ddogn gyntaf orffen, mae'r gyfres nesaf o beli lliw yn dadelfennu i ryddhau eu moddion nhw.

Edau'n toddi

Mae llawfeddygon yn aml yn gorfod pwytho anafiadau i'w helpu i wella. Mae'r edau a ddefnyddir ar gyfer anafiadau ar wyneb y corff yn rhyw fath o gotwm neu ddefnydd synthetig. Ar ôl i'r anaf wella caiff yr edau ei thorri a'i thynnu.

Mae catgwt yn un math o edau y mae'r llawfeddygon yn ei ddefnyddio i bwytho y tu mewn i'r corff. Mae'r edau o gatgwt yn toddi'n araf a phan fo'r clwyfau wedi gwella caiff ei hamsugno gan y corff. Mae nifer o wahanol fathau a thrwch o gatgwt.

● Cynlluniwch ymchwiliad i ddarganfod faint o amser y byddai darn o gatgwt yn ei gymryd i doddi yn y corff.

YCHWANEGIADAU

1 (a) Rydych wedi colli ychydig o asid ar eich llaw. Eglurwch yn ofalus yr hyn a wnewch chi.
(b) Pam na fyddai rhoi powdr stumog ar yr asid yn syniad da?

2 Mae pren yn gymysgedd o gyfansoddion sy'n cynnwys carbon a hydrogen. Mae coelcerth yn adwaith cemegol rhwng y cyfansoddion hyn ac ocsigen.
(a) Gwnewch fraslun o goelcerth, gan ddangos ym mhle y byddech chi'n rhoi darnau o wahanol faint.
(b) Gan ddefnyddio'r syniadau ar y dudalen hon, eglurwch sut y byddech chi'n gallu cael pren i losgi'n gyflymach.

Mae rhai cyfansoddion yn bwysig oherwydd eu bod yn gallu helpu planhigion i dyfu. Mae'r rhan fwyaf o blanhigion yn cael y rhain o'r pridd. Mae'r cyfansoddion yn toddi mewn dŵr ac yn llifo i'r planhigion trwy eu gwreiddiau. Fel arfer, gelwir cyfansoddion sy'n cael eu hamsugno o'r pridd yn fwynau.

▲ *Ffa yn cael eu tyfu â gwrtaith nitrad (chwith) a heb wrtaith (de)*

▲ *Gwreiddflew ar eginblanhigion meillion*

Tail

Gwrtaith mewn swmp!

Elfen neu gyfansoddyn?

Mae planhigion yn defnyddio rhai o'r elfennau sydd mewn mwynau. Maen nhw'n defnyddio nitrogen i gynhyrchu protein, calsiwm i dyfu gwreiddiau a photasiwm i dyfu dail gwyrdd. Ond ni ellir amsugno'r rhain yn uniongyrchol ar ffurf elfennau.

1 Beth fyddai'n digwydd petai metel potasiwm yn cael ei ychwanegu at bridd gwlyb?

Mae'r elfennau hyn i'w cael yn y pridd mewn cyfansoddion syml a elwir yn halwynau mwynol y gall y planhigyn eu hamsugno. Mae gwrtaith yn cynnwys yr halwynau mwynol sydd eu hangen ar blanhigion. Mae tail yn wrtaith naturiol. Mae'n cynnwys cyfansoddion o nitrogen, ffosfforws, carbon, hydrogen, sylffwr a photasiwm. Mae'r cyfansoddion hyn yn dadelfennu'n araf yn y pridd gan ryddhau mwynau.

Mae gwrtaith artiffisial yn symlach na thail. Cymysgedd o dri neu bedwar halwyn ydyw fel arfer. Caiff halwyn ei ffurfio wrth i asid adweithio ag alcali. Mae'r halwynau hyn yn toddi'n gyflym mewn dŵr yn y pridd ac yn llifo i'r planhigion.

	Carbon	Calsiwm	Hydrogen	Nitrogen	Ocsigen	Ffosfforws	Potasiwm	Eraill
esgyrn	*	**	*	*	*	**	*	*
gwaed sych	*	*	*	**	*		*	*
tail fferm	***	*	**	**	*	*	*	*
llaid carthion	***	*	**	**	*	*	*	*
amoniwm nitrad			**	***	**			
amoniwm sylffad			**	***	**			**
uwchffosffad		**	**		**	**		
potasiwm clorid							**	***
Growmore		**		**	**	**	**	

*yn cynnwys yr elfen   ***ffynhonnell dda o'r elfen*   ****ffynhonnell dda iawn o'r elfen*

2 Pa elfennau sy'n ymddangos yn bwysig i blanhigion dyfu?

3 Beth arall sydd ei angen?

4 Pam mae rhai priddoedd angen gwrtaith tra bo eraill yn ffrwythlon heb wrtaith?

5 Sut y gall ffermwr gadw'r pridd yn ffrwythlon heb wrtaith?

6 Pam mae gwrtaith naturiol yn well na gwrtaith wedi ei gynhyrchu? (Mae nifer o resymau.)

7 Pam mai gwrtaith wedi ei gynhyrchu sy'n cael ei ddefnyddio gan lawer o ffermwyr?

Defnyddio gwrtaith

- Cynlluniwch ymchwiliad i brofi'r syniadau isod. Bydd arnoch angen wythnosau i'w gwblhau; byddwch yn amyneddgar. Meddyliwch beth i'w newid, beth i'w fesur, a phryd i'w fesur. Gwiriwch eich cynlluniau ac yna rhowch gynnig arnyn nhw.
  —Mae'n well rhoi gwrtaith ar y pridd cyn rhoi'r hadau ynddo.
  —Mae gwrtaith sy'n cynnwys potasiwm yn helpu planhigion i wrthsefyll rhew a thymheredd uchel.
  —Mae gwrtaith sy'n cynnwys nitrogen yn helpu dail i dyfu.
  —Mae gwrtaith sy'n cynnwys ffosfforws yn helpu gwreiddiau i dyfu.

Gwneud gwrtaith

Mae'r cyfansoddyn amoniwm sylffad yn wrtaith artiffisial. Halwyn wedi ei ffurfio wrth i asid sylffwrig ac amonia adweithio yw hwn.

asid sylffwrig + amonia →
    amoniwm sylffad

Ei fformwla gemegol yw $(NH_4)_2SO_4$. Pa elfennau sy'n ei wneud yn wrtaith? Beth sydd ar goll?

Cynhyrchu amoniwm sylffad

Efallai y gallwch gynhyrchu amoniwm sylffad. Cofnodwch bob peth y byddwch yn ei weld a'i wneud. Cofiwch ystyried diogelwch. Mae asid sylffwrig yn beryglus.

- Ar y diwedd, lluniwch siart rhediad o'ch arbrawf. Rhowch eich canlyniadau mewn tabl.

8 Sut y byddwch chi'n gwybod bod adwaith cemegol wedi digwydd?

YCHWANEGIADAU

1 Mae llawer o bobl yn prynu 'llysiau organig'. Beth yw ystyr y gair 'organig' yma? Pam mae pobl mor awyddus i brynu'r cnydau hyn, sydd fel arfer yn llawer drutach?

2 (a) Gwnewch amcangyfrif o gost eich gwrtaith. Dychmygwch fod amonia ac asid sylffwrig yn costio 10c am bob 100 cm³ a'r gwres yn costio 1c am bob 5 munud. Amcangyfrifwch gost unrhyw ddefnyddiau neu offer eraill.
(a) Am faint y dylech chi werthu 100 g o wrtaith?
(c) A oes unrhyw gostau eraill y dylai'r cynhyrchwyr gwrtaith go iawn eu cynnwys?

15·10 Defnyddio adweithiau: oeri

Mae rhai adweithiau cemegol yn cynhyrchu gwres ac mae'r adweithyddion yn poethi. Mae eraill yn amsugno'r gwres ac yn teimlo'n oerach. Defnyddir adweithiau poeth, fel nwy yn llosgi, i goginio. Gall adweithiau oer fod yn ddefnyddiol hefyd.

Yn aml iawn, y driniaeth a ddefnyddir i ysigiad i'r ffêr ac anafiadau eraill yw pecyn rhew. Mae'r oerfel yn lleddfu'r boen ac yn atal y cymal rhag chwyddo.

Arwynebau ac ysigiadau

Gall chwaraewyr tenis rhyngwladol golli llawer o arian trwy gael anaf a methu chwarae. Mae'r arwyneb maen nhw'n chwarae arno yn gallu effeithio ar nifer yr anafiadau. Mae'r tabl yn dangos canran y chwaraewyr a oedd yn dioddef poen wrth iddyn nhw chwarae ar wahanol arwynebau. Gall poen o'r fath arwain at niwed difrifol.

Gabriella Sabatini yn derbyn triniaeth pecyn rhew ar ei ffêr

Arwyneb	Math	Nifer yr anafiadau (% y chwaraewyr)
tywod	clai	2
tywod synthetig	clai	3
arwynebau synthetig	caled y tu allan	11
asffald neu goncrit	caled y tu allan	13
carped	y tu mewn	14
gridyll synthetig	y tu mewn	17

- Lluniwch siart i arddangos y ffigurau hyn.

1 Pa fathau o arwyneb sy'n dangos y lleiaf o anafiadau?

2 Pam mae'r wybodaeth hon yn ddefnyddiol i chwaraewyr tenis proffesiynol?

Darganfod adwaith oer

Rydych yn mynd i ddefnyddio cemegion i wneud pecyn oeri sy'n gweithio'n gyflym. Darganfyddwch beth sy'n digwydd pan gaiff y sylweddau hyn eu hychwanegu at ddŵr. Ceisiwch ddarganfod pa un sy'n cael yr effaith fwyaf:
—copor(II)sylffad (gwyn),
—amoniwm clorid,
—amoniwm nitrad,
—sodiwm clorid,
—calsiwm ocsid.

3 Sut y byddwch chi'n sicrhau bod eich prawf yn un teg?

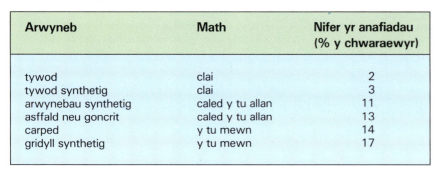

Ymchwilio

Faint i'w ddefnyddio?

- Dewiswch gemegyn sydd:
  —yn ddiogel,
  —yn rhoi gostyngiad tymheredd da.

- Ymchwiliwch i'r ffordd mae gostyngiad y tymheredd yn dibynnu ar faint o'r cemegyn rydych yn ei ddefnyddio.

- Meddyliwch am ddull da o arddangos eich canlyniadau.

Cynllunio pecyn oeri

Rhaid i'r bag allanol fod yn ddigon trwchus i'w atal rhag gollwng! Rhaid i'r bag mewnol fod yn ddigon tenau i rwygo pan fyddwch yn gwasgu'r holl becyn.

- Cynlluniwch a gwnewch ymchwiliadau i benderfynu ar drwch y bagiau plastig. Gwnewch yn siŵr eich bod yn darganfod:
  —beth i'w newid,
  —beth i'w gadw yr un fath,
  —sut i gasglu eich canlyniadau.

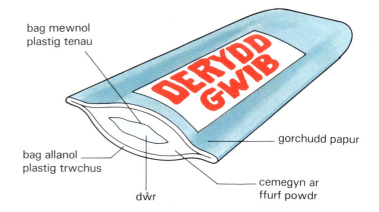

bag mewnol plastig tenau

DERYDD GWIB

gorchudd papur

bag allanol plastig trwchus

cemegyn ar ffurf powdr

dŵr

Marchnata'r pecyn oeri

- Bydd yn rhaid i chi benderfynu ar bris eich pecyn. Pa wybodaeth sydd ei hangen arnoch?

- Sut y dylech chi labelu eich pecyn? A oes rhaid ei ddefnyddio mewn ffordd arbennig? A oes unrhyw rybuddion diogelwch y dylech chi eu hargraffu ar y pecyn?

- Cynlluniwch hysbyseb (poster neu deledu) i werthu'r pecyn rhew.

Camau gwag

Beth sy'n digwydd pan fyddwch yn troi eich ffêr?

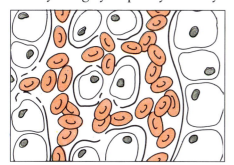

Pibellau gwaed yn rhwygo, gan ryddhau celloedd a phlasma i'r meinweoedd. Y ffêr yn chwyddo.

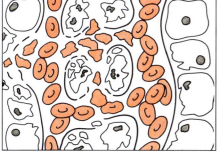

Celloedd yn marw. Y ffêr yn boenus.

Mae oerfel yn cael dwy effaith ar y corff. Mae'n lleihau sensitifedd y nerfau ac yn lleihau llif y gwaed a hylifau eraill.

4 Sut mae hyn yn helpu ffêr sydd wedi ei hysigo?

5 Weithiau defnyddir cadachau tynn ar ysigiad. Pam mae'r rhain yn ddefnyddiol?

6 Ar ôl tua dau neu dri diwrnod, gall tylino ysgafn fod yn ddefnyddiol. Sut mae hyn yn helpu?

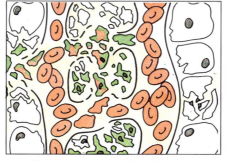

Y celloedd marw yn rhyddhau cemegion sy'n cario mwy o waed i'r rhan honno o'r corff. Y rhan honno'n dechrau teimlo'n boeth ac yn ymddangos yn binc.

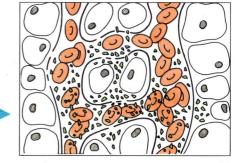

Ar ôl tua 24 awr, mae'r meinweoedd yn dechrau trwsio eu hunain. Mae'r chwydd yn gostwng wrth i'r celloedd marw a'r gormodedd hylif ddraenio.

YCHWANEGIADAU

1 Gwnewch arolwg i weld a oes rhywun yn eich dosbarth wedi dioddef anaf wrth wneud chwaraeon. Pa anafiadau yw'r mwyaf cyffredin? Faint o amser roedd y rhain yn gymryd i wella'n iawn?

2 A allwch chi gynllunio pecyn gwres? Tun o ffa pob sy'n cynhesu ei hun yn awtomatig wrth i chi ei agor, efallai? Ym mhle y byddai hyn yn ddefnyddiol?

15·11 Defnyddio adweithiau: glanhau

Mae nifer o fetelau'n cyrydu. Mae'r metel yn adweithio â chemegion yn yr aer, ocsigen neu asid fel arfer. Mae'n mynd yn ddwl, yn rhydlyd neu hyd yn oed yn wyrdd.

- Ymchwiliwch i fetel sydd wedi cyrydu. Darganfyddwch:
  - a allwch chi doddi'r cyrydiad ohono,
  - a ∂llwch chi ddefnyddio cemegyn (asid neu alcali) i gael gwared o'r cyrydiad,
  - sut mae dulliau mecanyddol (fel sgwrio neu grafu) yn cymharu â dulliau eraill.

- Os nad oes gennych fetel wedi cyrydu y gallwch ei brofi, gallwch 'gyrydu' ychydig o gopor trwy ei gynhesu mewn fflam Bunsen am ychydig eiliadau. Mae hyn yn gwneud i'r elfennau copor ac ocsigen adweithio a chreu copor ocsid:

$$\text{copor} + \text{ocsigen} \rightarrow \text{copor ocsid}$$

- Eich tasg yw ei lanhau. Mae dau bosibilrwydd:
  - gwahanu'r copor oddi wrth yr ocsigen,
  - toddi'r copor ocsid gan adael y copor yn lân.

Yn y cartref

- Cyflwynwch eich darganfyddiadau fel tudalen mewn llyfr o awgrymiadau defnyddiol ar gyfer y cartref.

Darnau arian wedi cyrydu i wahanol raddau

Staen baddon

Mae cael gwared o staenau oddi ar y baddon yn gallu bod yn waith caled. Achosir nhw gan ddŵr poeth yn cynnwys cemegion wedi eu toddi ynddo. Wrth i'r dŵr oeri, mae'r cemegion yn troi'n solidau ac yn achosi staenau ar y baddon.

- Ymchwiliwch i staen baddon 'artiffisial'. Ceisiwch ddarganfod beth sy'n gallu ei doddi.
- Edrychwch ar y profion cemegol ar y daflen waith. Gallwch ddefnyddio'r rhain i ddarganfod pa gemegyn sy'n achosi'r staen.

Toddi

Gall rhai hylifau doddi pethau. Er enghraifft, gall petrol doddi saim.

Mae petrol yn *doddydd*: gall doddi saim. Mae'r saim yn *doddyn*: mae'n toddi yn y petrol. Mae'r cymysgedd o betrol a saim yn *doddiant*.

Pan fo toddyn yn toddi, mae ei ronynnau yn lledaenu'n gyfartal trwy'r toddydd.
Mae dŵr yn toddi cymaint o bethau fel ei fod weithiau'n cael ei alw yn 'doddydd cyffredinol'.

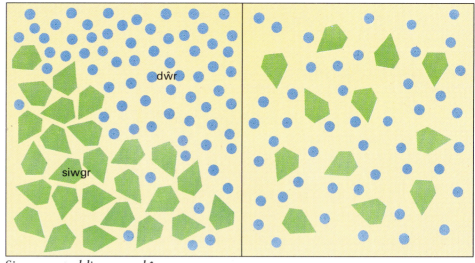

Siwgr yn toddi mewn dŵr

Glanhau'r ystafell athrawon

Roedd y soffa hon yn yr ystafell athrawon mewn ysgol. Gwnewch eich gorau â hi!

- Ymchwiliwch i ffyrdd o gael gwared o rai o'r staenau. Cofiwch:
  —Mae'n rhaid dyfeisio prawf teg ar gyfer pob staen.
  —Nid yw cael gwared o'r staen a difetha'r soffa o unrhyw werth!

Dyma rai awgrymiadau defnyddiol:

Gall rhai powdrau golchi wneud i ambell staen lynu fel bod cael gwared ohono yn fwy anodd.

Dŵr yw'r gorau ar gyfer staen gwin.

Gallwch lanhau gwm cnoi trwy ei rewi.

Glanedydd da yw'r peth gorau i symud gwaed.

Gall toddydd fel ethanol symud staen inc biro.

Gall finegr lanhau staen coffi.

YCHWANEGIADAU

Cynllunio

1 Ydy solid yn toddi'n gyflymach pan fo:
—ar ffurf powdr ynteu mewn talpiau?
—y toddydd yn boeth?
—mwy o doddydd?
—y toddydd yn cael ei droi?
Pa un yw'r pwysicaf?
Cynlluniwch ymchwiliad i ddarganfod pa un sy'n effeithio fwyaf ar ba mor gyflym mae rhywbeth yn toddi. Efallai y byddwch yn gallu rhoi cynnig ar eich cynllun gan ddefnyddio dŵr fel toddydd a siwgr fel toddyn.

2 (a) Mae rhai mathau o fasgara yn wrth-ddŵr. Beth yw ystyr hyn? Profwch rai i weld a ydyn nhw'n wrth-ddŵr.
(b) Pam mae masgara gwrth-ddŵr yn ddefnyddiol?
(c) Darganfyddwch ddull o lanhau masgara gwrth-ddŵr oddi ar goler wen.

71

Ail-gylchynu arian

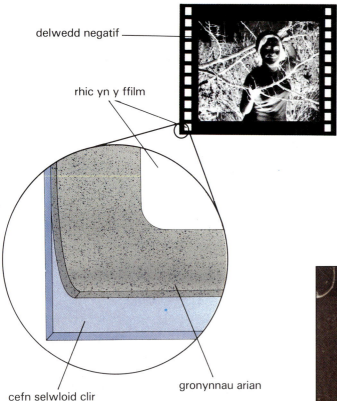

delwedd negatif

rhic yn y ffilm

cefn selwloid clir

gronynnau arian

Mae ffilm ffotograffig ddu a gwyn yn defnyddio cyfansoddion o arian sy'n adweithio mewn golau. Pan fo golau yn disgyn arnyn nhw, maen nhw'n dechrau newid o gyfansoddion i ronynnau o arian. Mae'r arian hwn yn ymddangos yn ddu. I gyflymu'r broses bydd ffotograffwyr yn defnyddio cemegion a elwir yn ddatblygyddion.

Mae dwy haen mewn ffilm. Selwloid yw'r haen gefn. Mae'n gwneud y ffilm yn gryf ond yn hyblyg. Gelwir yr haen sydd â'r arian yn emwlsydd. Caiff yr halwynau arian eu cymysgu â phrotein o'r enw gelatin i'w glynu ar wyneb y selwloid.

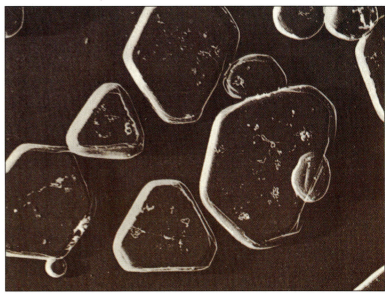

*Grisialau arian bromid ar ffilm
ddu a gwyn heb ei defnyddio*

---

ymchwilio

Defnyddio ensym

Gellir cael yr arian sydd ar y negatif yn ei ôl a'i ddefnyddio i wneud mwy o ffilm. Rhaid toddi'r gelatin sy'n ei lynu wrth y selwloid. Yna bydd y gronynnau arian yn disgyn oddi ar y selwloid. Gellir toddi'r gelatin yn hawdd trwy ddefnyddio ensym.

Cemegyn cymhleth sy'n gallu cyflymu adwaith yw ensym. Gellir defnyddio ensymau fwy nag unwaith.

● Cynlluniwch a gwnewch ymchwiliad i ateb un o'r cwestiynau hyn.

1 Ydy asid neu alcali yn helpu'r adwaith?
2 Pa effaith mae tymheredd yn ei gael?
3 Pa un sy'n cael yr effaith fwyaf ar yr adwaith: y tymheredd ynteu sawl gwaith mae'r ensym wedi cael ei ddefnyddio o'r blaen?

Distyllu

Mae'r distyllydd wisgi trwyddedig hynaf yn y byd yn nhref Bushmills yng Ngogledd Iwerddon. Roedd wisgi wedi cael ei wneud am nifer o flynyddoedd yn Bushmills pan gafodd Sir Thomas Philips drwydded i'w ddistyllu gan y brenin Iago'r Cyntaf o Loegr ym 1608. Mae lleoliad Bushmills yn gyfleus ar gyfer distyllydd wisgi gan fod caeau o farlys yn tyfu yno a dŵr afon leol, Afon Bush, yn hynod lân. Hefyd mae cyflenwadau mawr o fawn yn lleol, ar gyfer tanwydd.

1 Mae grawn barlys yn egino yn y bragu. Mae'r barlys yn cynhyrchu ensymau sy'n troi'r starts anhydawdd yn yr hadau yn siwgr sy'n gallu toddi mewn dŵr. Yna caiff yr hedyn ei ladd wrth ei gynhesu'n araf er mwyn atal y siwgr rhag cael ei ddefnyddio i gyd. Ychwanegir dŵr poeth ac yna gadewir y cymysgedd, a elwir yn stwns, i sefyll.

Tybiau stwns yn nistyllydd Bushmills

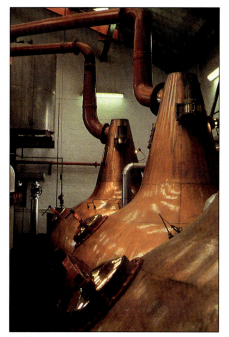

Offer copor yn nistyllydd Bushmills

2 Ar ôl tua wyth awr, caiff yr hylif ei ddraenio a'i oeri. Ychwanegir burum i eplesu'r siwgr yn alcohol. Mae'r eplesu yn cymryd tua tri diwrnod.

3 Ar ôl yr eplesiad, tynnir y burum o'r hylif a rhoddir yr hylif yn yr offer distyllu. Mae hwn yn ei gynhesu gan ryddhau anwedd alcohol ac anwedd dŵr. Mae alcohol yn berwi ar dymheredd is na dŵr, felly mae mwy o alcohol yn cael ei ryddhau. Dyma'r distylliad cyntaf. Mae dau ddistylliad arall yn cynhyrchu distyllad sy'n cynnwys mwy a mwy o alcohol.

4 Ar ddiwedd y pedwerydd distylliad, ychwanegir dŵr pur i leihau cryfder yr hylif. Yna mae'n cael ei roi mewn casgenni i aeddfedu. Gall hyn gymryd hyd at ddeng mlynedd.

5 Ar ôl iddo aeddfedu, caiff pob wisgi ei gymysgu'n ofalus. I wneud hyn, mae'n rhaid cymysgu gwahanol fathau gyda'i gilydd i roi'r blas cywir. Wedi cwblhau'r cymysgu, mae'r wisgi yn cael ei roi mewn poteli.

Ymchwilio

Beth sy'n rhoi'r mwyaf o alcohol? 🗒

• Mae'r cyfaint o garbon deuocsid sy'n cael ei ryddhau gan y burum yn dangos pa mor gyflym mae'r eplesu'n digwydd. Cynlluniwch ymchwiliad i ddarganfod yr amgylchiadau gorau ar gyfer gwneud alcohol trwy eplesu.
Bydd yn rhaid i chi ystyried:

—Ydy cyfaint y burum yn bwysig?
—Sut mae ychwanegu mwy o siwgr yn effeithio ar y canlyniad?
—Ydy eplesiad hir, oerach, yn well nag un byr, cynhesach?

Dangoswch eich cynllun i'ch athro cyn rhoi cynnig arno.

YCHWANEGIADAU

1 Gwnewch siart rhediad i ddangos sut mae wisgi yn cael ei wneud. Sawl proses o gymysgu a gwahanu allwch chi ei darganfod?

2 Beth yw'r dull gorau o gael alcohol o gymysgedd sydd wedi ei wneud trwy eplesiad? Cynlluniwch ymchwiliad i ddarganfod a yw distyllu cyflym ar dymheredd uchel yn well na distyllu araf ar dymheredd is.

16·1 Gosod y sefyllfa

Goleuadau

Chi sy'n gyfrifol am y goleuadau ar gyfer drama'r ysgol. Mae angen rhai effeithiau arbennig ar y ddrama. Gofynnwyd i chi gynllunio ac adeiladu'r cylchedau. Bydd arnoch angen:

—dau olau llachar,
—dau olau gwan,
—un golau sbot gwyrdd fydd yn gallu dilyn rhywun ar draws y llwyfan.

Rhaid i chi allu newid o'r golau llachar i'r golau gwan mewn amrantiad.

● Gwnewch fodel o system addas.

Symbolau safonol cylchedau trydan

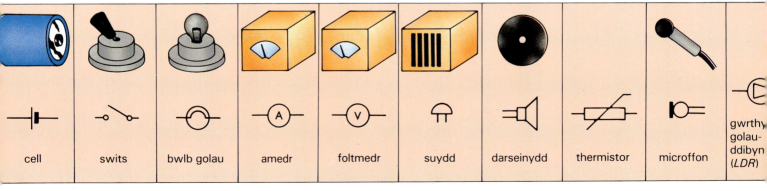

| cell | swits | bwlb golau | amedr | foltmedr | suydd | darseinydd | thermistor | microffon | gwrthydd golau-ddibyn (LDR) |

Cylchedau trydan

Mae trydanwyr yn defnyddio diagramau i ddisgrifio eu cylchedau. Mae'r allwedd ar dudalen 74 yn dangos y symbolau ar gyfer y gwahanol gydrannau.

Dim ond trwy ddefnyddiau sy'n ddargludyddion y gall trydan lifo. Trwy ddefnyddio dargludyddion i gysylltu un pen batri â'i ben arall, gellir gwneud i drydan lifo. Gelwir llwybr y trydan yn gylched.

Ni all trydan lifo pan nad yw'r gylched yn gyflawn. Dyfais sy'n gwneud bwlch mewn cylched yw swits ac mae'n atal llif y trydan.

Mae llif trydan yn cludo egni sy'n gallu gwneud tasgau fel cynnau bylbiau.

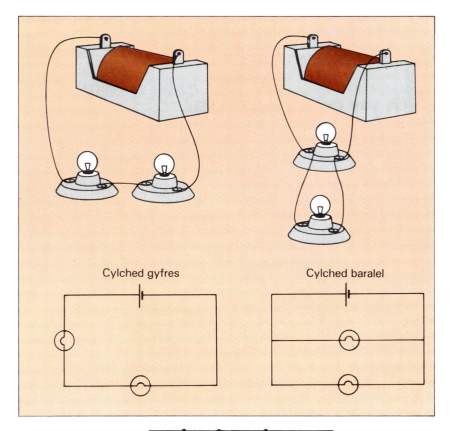

Cylched gyfres

Cylched baralel

1 Mae'r goleuadau stryd hyn mewn cylched baralel. Pam mae hyn yn well na defnyddio cylched gyfres?

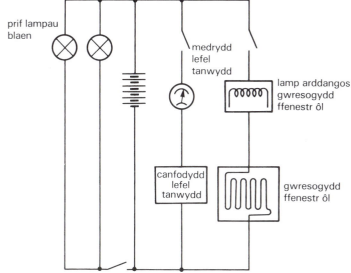

prif lampau blaen

medrydd lefel tanwydd

lamp arddangos gwresogydd ffenestr ôl

canfodydd lefel tanwydd

gwresogydd ffenestr ôl

Mae'r diagram cylched hwn yn dangos rhan o gar.

2 Edrychwch ar y rhan sy'n gwneud i'r prif lampau weithio. Ai cylched gyfres ynteu un baralel yw hon?

3 Copïwch gylched y gwresogydd ffenestr ôl. Ai cylched gyfres ynteu un baralel yw hon?

YCHWANEGIADAU

1 Ceisiwch adeiladu rhai o'r cylchedau a ddangosir ar y dudalen hon. Beth maen nhw'n ei wneud? Yn awr arbrofwch â rhai eich hun.

2 Paratowch gynllun goleuo ar gyfer eich ystafell wely. Pa ran o'r ystafell sydd angen y golau mwyaf? Ym mha rannau y gellir rhoi golau gwan? Dangoswch hyn i gyd ar eich cynllun.

3 Gall yr un olygfa, wedi ei goleuo o onglau gwahanol, ymddangos yn wahanol iawn. Cynlluniwch ac adeiladwch fodel o lwyfan er mwyn profi gwahanol effeithiau golau.

System larwm drws

Mae rhai pobl yn llwyddo i ddod i mewn heb dalu i weld y ddrama. Efallai eu bod yn dod i mewn trwy'r drws tân.

1 Pam na ddylech chi gloi drysau tân?

● Cynlluniwch system larwm sy'n rhoi gwybod i chi pan fo drws tân yn agored.

Canfodydd magnet

Mae deulygadion opera ar gael i'r gynulleidfa. Yn anffodus, mae rhai pobl yn mynd â nhw o'r neuadd ar y diwedd. Sut y gallwch chi ddarganfod a yw rhywun yn cario un o'r rhain yn ei boced neu mewn bag?

Un posibilrwydd yw defnyddio canfodydd magnet. Mae maes magnetig o amgylch pob magnet. Os bydd gwifren yn cael ei symud trwy'r maes hwn, bydd cerrynt trydan yn dechrau llifo yn y wifren.

Gellir defnyddio'r effaith hon i ganfod magnetau. Byddai coil o wifren wedi ei gysylltu i fesurydd sensitif yn dangos cerrynt bach pe byddai magnet yn cael ei symud yn agos ato.

Po bellaf y magnet, gwannaf fydd y meysydd magnetig. Mae angen coiliau mwy, yn cynnwys mwy o droadau o wifren, i ganfod meysydd magnetig gwan iawn.

● Cynlluniwch system ddiogelwch i atal pobl rhag cymryd y deulygadion o'r neuadd.

Mae magnetau bach iawn wedi eu cuddio yn y llyfrau yn y llyfrgell hon. Os bydd rhywun yn mynd â llyfr rhwng y ddau goil, bydd larwm yn canu.

Defnyddir pelydr X mewn meysydd awyr i archwilio bagiau ac ati. Pam nad yw'r dull hwn yn cael ei ddefnyddio i archwilio pobl?

Cetrisen *Hi-fi*—o symudiad i gerrynt

Ar record, mae rhigol sbiral, igam-ogam yn ymestyn o'r ymyl i'r canol. Mae'r rhigol hon wedi ei ffurfio'n arbennig yn y ffatri recordiau. Mae patrwm y rhigol yn cyfateb i'r pigau a'r cafnau ym mhatrwm y sain gwreiddiol.

Mae nodwydd y getrisen yn teithio yn y rhigol wrth i'r record droi. Mae hyn yn gwneud i'r nodwydd siglo a symud coil bach iawn o wifren mewn maes magnetig. Mae cerrynt trydan yn llifo yn y coil.

Mae mwyhadur yn newid y cerrynt bach a ddaw o'r getrisen yn gerrynt mwy ond â'r un patrwm. Hwn sy'n gyrru'r darseinyddion; maen nhw'n newid yr egni trydanol yn ôl yn donnau sain.

Mae'r rhan fwyaf o getris modern yn defnyddio grisialau arbennig sy'n creu trydan wrth iddyn nhw gael eu hestyn neu eu gwasgu. Gelwir y rhain yn risialau piesoelectrig. Mae'r rhigol ar y record yn rheoli sut mae'r grisial yn symud.

YCHWANEGIADAU

1 Peiriant sy'n newid symudiad yn drydan yw generadur. Mae'n defnyddio coiliau a magnetau. Gwnewch gynllun o eneradur a fyddai'n cynhyrchu cymaint â phosibl o drydan o symudiad bach.

2 Sut y gallech ganfod magnet pan fo'n llonydd? Cynlluniwch beiriant i ddatrys y broblem hon.

16·5 Talu'r biliau

Sioc trydan?

Y cynhyrchydd sy'n gorfod talu am yr holl drydan a ddefnyddir yn ystod perfformio'r ddrama yn yr ysgol. Gwnewch restr o'r holl bethau sy'n defnyddio trydan. Cofiwch gynnwys gwresogi a goleuo neuadd yr ysgol.

Nid oedd y cynhyrchydd yn disgwyl i'r bil fod mor uchel. Mae'n rhaid iddi arbed llawer o arian, neu bydd y cynhyrchiad yn gwneud colled. Mae hi wedi gwneud rhestr o'r holl bethau sy'n defnyddio trydan.

1 Ydy hi wedi anghofio unrhyw beth?
2 Sut y gallai hi arbed arian?

Rhestr cynhyrchydd y ddrama

Offer	Ei bwrpas	Cyfradd	Am faint o amser mae'n cael ei ddefnyddio
gwresogydd	cynhesu'r neuadd yn ystod y ddrama	5000 W	3 awr
prif olau sbot	effeithiau golau	1500 W	30 munud
llif oleuadau	effeithiau golau	2000 W	1 awr 40 munud
system sain	effeithiau sain	200 W	1 awr 50 munud
drws cudd	effeithiau arbennig	300 W	15 eiliad
system ddiogelwch	atal lladrad o'r neuadd	10 W	2 awr
ffan awyru	oeri'r llwyfan	1000 W	1 awr 40 munud
golau argyfwng	golau rhag ofn i'r pŵer fethu	250 W	mae'n defnyddio batri
boeler dŵr	gwneud te a choffi yn yr egwyl	2500 W	30 munud

Yr egni sydd ar gael

Pan fyddwch yn talu am drydan, byddwch yn talu am egni. Mae maint yr egni trydanol yn dibynnu ar ddau beth:
—faint o egni mae pob electron yn ei gludo,
—sawl electron sy'n llifo bob eiliad.

Mae'r egni sy'n cael ei gludo gan un electron yn fach iawn. Mae'n rhaid cael biliynau o electronau yn llifo cyn y gallwn ni ganfod hyd yn oed llif bychan iawn o egni. Mae'r egni sy'n cael ei gludo gan bob electron yn dibynnu ar faint o wthiad mae'n ei gael gan y batri. Caiff y gwthiad hwn ei fesur mewn foltiau.

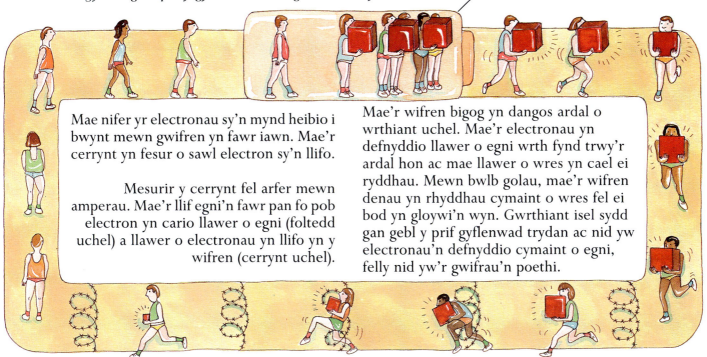

Mae'r rhedwyr ar y trac isod yn ddarlun o electronau mewn cylched. Mae'r batri yn defnyddio adweithiau cemegol i roi egni (y ciwbiau coch) i'r electronau. Wrth i'r electronau fynd o gwmpas y gylched, mae'r egni'n newid yn wres.

batri

Mae nifer yr electronau sy'n mynd heibio i bwynt mewn gwifren yn fawr iawn. Mae'r cerrynt yn fesur o sawl electron sy'n llifo.

Mesurir y cerrynt fel arfer mewn amperau. Mae'r llif egni'n fawr pan fo pob electron yn cario llawer o egni (foltedd uchel) a llawer o electronau yn llifo yn y wifren (cerrynt uchel).

Mae'r wifren bigog yn dangos ardal o wrthiant uchel. Mae'r electronau yn defnyddio llawer o egni wrth fynd trwy'r ardal hon ac mae llawer o wres yn cael ei ryddhau. Mewn bwlb golau, mae'r wifren denau yn rhyddhau cymaint o wres fel ei bod yn gloywi'n wyn. Gwrthiant isel sydd gan gebl y prif gyflenwad trydan ac nid yw electronau'n defnyddio cymaint o egni, felly nid yw'r gwifrau'n poethi.

Yr egni a ddefnyddiwyd

Mae pob bil trydan yn dweud wrthych faint o drydan rydych chi wedi ei ddefnyddio. Mae cyfanswm yr egni yn dibynnu ar:

—yr egni y mae pob electron yn ei gludo (y foltedd),
—sawl electron sy'n llifo (y cerrynt)
—am faint o amser y mae'r electronau'n llifo (yr amser).

egni trydanol = cerrynt × foltedd × amser

Â'r prif gyflenwad trydan:

—y foltedd yw 240 folt,
—mae'r cerrynt yn dibynnu ar yr offer (mae gwresogyddion a ffwrn yn defnyddio llawer, tra bo goleuadau a theledu yn defnyddio llai),
—yr amser yw'r cyfnod mae'r offer ynghynn.

Pŵer trydan yw pa mor gyflym rydych chi'n defnyddio egni trydan. Caiff ei fesur mewn watiau:

pŵer trydan = cerrynt × foltedd

Gan mai dim ond ychydig o bŵer yw wat, defnyddir kilowat yn aml. Mae hwn yn 1000 wat.

Yr hyn a elwir yn 'uned' ar eich biliau trydan yw'r egni sydd ei angen i ddarparu 1 kilowat o bŵer am 1 awr.

Edrychwch ar y bil trydan.

3 Beth yw pris uned?
4 Sawl uned a ddefnyddiwyd?
5 Beth fydd cyfanswm y gost?

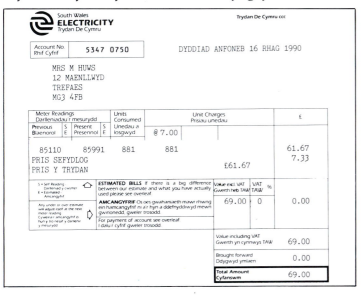

YCHWANEGIADAU

1 Os yw pris trydan yn 7c yr uned (1 kilowat awr), faint oedd y costau gwresogi yn ystod drama'r ysgol?

2 Mae Rhewco Cyf. wedi datblygu math newydd o oergell. Mae'n defnyddio hanner pŵer oergell arferol. Mae Rhewco yn bwriadu gwerthu'r oergell newydd am £150. Byddai oergell arferol o'r maint hwn yn costio £105 ac yn defnyddio 0.85 uned bob dydd. Pryd bydd perchennog yr oergell Rhewco yn dechrau arbed arian?

16·6 Effeithiau arbennig

Golygfeydd a seiniau

Mae'r ddrama yn defnyddio llawer o effeithiau arbennig. Mae'n rhaid trefnu'r rhain yn ofalus os ydyn nhw i weithio'n iawn ac ar yr amser cywir. Mae'r effeithiau sain yn cynnwys:

—sŵn taranau,
—sŵn gwynt,
—lleisiau o gefn y llwyfan (rhai wedi eu hystumio),
—sŵn brwydr fechan (milwyr ar geffylau).

Mae'r effeithiau gweledol yn cynnwys:

—machlud, —fflachiadau mellt,
—golygfa freuddwyd, —ysbryd.

- Gweithiwch mewn timau i greu'r effeithiau hyn. Rhaid i un tîm baratoi'r effeithiau sain ar recordydd casét. Rhaid i'r llall baratoi'r effeithiau golau gan ddefnyddio lampau a hidlenni.
- Pan fydd pawb yn barod, gallwch gynnal 'ymarfer effeithiau'. Ceisiwch gael pob peth i weithio yn y drefn gywir ac ar yr amser cywir.

Recordio analog

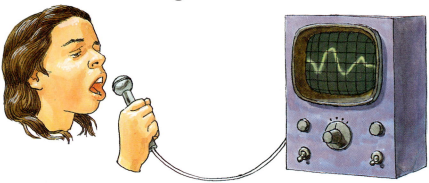

Gellir recordio signalau trydan mewn dwy ffordd: analog a digidol. Mae recordiad analog yn creu patrwm trydanol sydd yr un siâp â'r tonnau sain gwreiddiol. Felly, bydd sain amledd uchel yn rhoi patrwm amledd uchel. Gelwir y patrwm trydanol yn signal.

Nid yw offer trydanol yn berffaith. Mae'n ychwanegu clecian a hisian at y signalau sydd i'w clywed ar recordydd tâp neu chwaraewr recordiau. Gelwir hyn yn sŵn. Diffygion yn y peiriannau trydan a phroblemau â'r ffordd y caiff y signal ei storio sy'n achosi hyn. Er enghraifft, mae hisian i'w glywed ar dâp magnetig. Gallwch glywed hwn trwy gynyddu'r sain wrth chwarae tâp gwag mewn recordydd casét.

chwaraewr recordiau

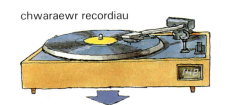

mwyhadur

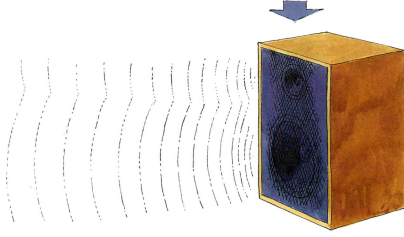

Mae peirianwyr electronig wedi ceisio cynllunio hidlyddion i gael gwared o'r sŵn hwn o'r signal. Mae hyn yn anodd iawn oherwydd bod patrwm y sŵn a'r signal yn debyg iawn.

Recordio digidol

Mae recordiad digidol yn defnyddio gwahanol system o godio a storio signal. Mae'n gwahanu pob rhan o'r gerddoriaeth yn rhannau bychain. Mae'r rhannau hyn yn disgrifio siâp y signal sain gwreiddiol ond nid ydyn nhw'n ymddangos yn debyg iddo. Gellir storio'r rhannau hyn mewn côd CYNNAU - DIFFODD syml.

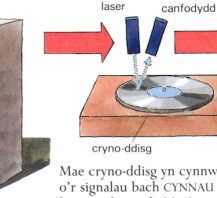

laser   canfodydd

cryno-ddisg

Mae cryno-ddisg yn cynnwys miliynau o'r signalau bach CYNNAU - DIFFODD hyn ar ei hwyneb. Mae'r signalau'n cael eu darllen gan synhwyrydd wrth i'r ddisg droi yn y chwaraewr. Wedyn, mae microbrosesydd bach yn y chwaraewr yn ailadeiladu'r signal trydanol gwreiddiol. Yna gellir ei anfon i'r darseinyddion lle caiff ei newid yn donnau sain.

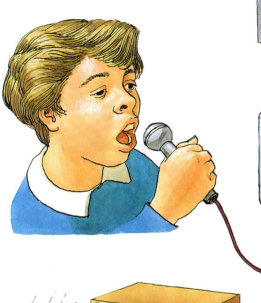

CODIO

mwyhadur

Mae'r offer trydanol yn dal i ychwanegu sŵn at y signal. Ond signal analog yw'r sŵn ac mae'n hollol wahanol i signal y gerddoriaeth ddigidol. Felly gellir gwahanu'r ddau yn hawdd. Hefyd mae cryno-ddisgiau yn llawer mwy gwydn na recordiau plastig a thapiau.

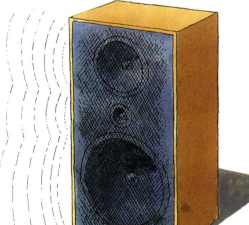

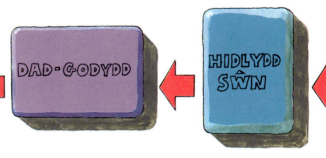

DAD-GODYDD   HIDLYDD SŴN

YCHWANEGIADAU

1 Cymharwch brisiau tapiau, recordiau a chryno-ddisgiau. Beth yw'r fargen orau? Gallech wneud arolwg i ddarganfod barn pobl eraill.

2 Paratowch adroddiad sy'n cymharu offer trydanol. Dewiswch rywbeth i'w brofi—stereo personol neu radio efallai.

Cynlluniwch eich profion yn ofalus i sicrhau eu bod yn rhai teg.
    Dylai eich adroddiad ddangos pwyntiau da a drwg pob offer a brofwyd. Yna dewiswch:
—y 'fargen orau',
—y peiriant sy'n gwneud y dasg yn well nag unrhyw un o'r lleill.

3 Gyda rhai o'ch ffrindiau, cynhyrchwch ddrama fer ar fodel o lwyfan. Defnyddiwch gymaint o effeithiau ag sy'n bosibl. Gallwch ysgrifennu eich sgript eich hun neu ddefnyddio stori rydych wedi ei darllen.

Wedi eu llenwi, eu capio a'u llwytho

Mae'r system hon yn llenwi poteli mewn bragdy. Rhaid i bob potel:
—gael ei llenwi i'r lefel gywir,
—fod â thopyn arni,
—gael ei llwytho i gawell.

Mae dyfeisiau electronig yn monitro a rheoli'r llinell gynhyrchu.

Gall canfodydd ddweud a yw'r topyn wedi ei osod ai peidio.

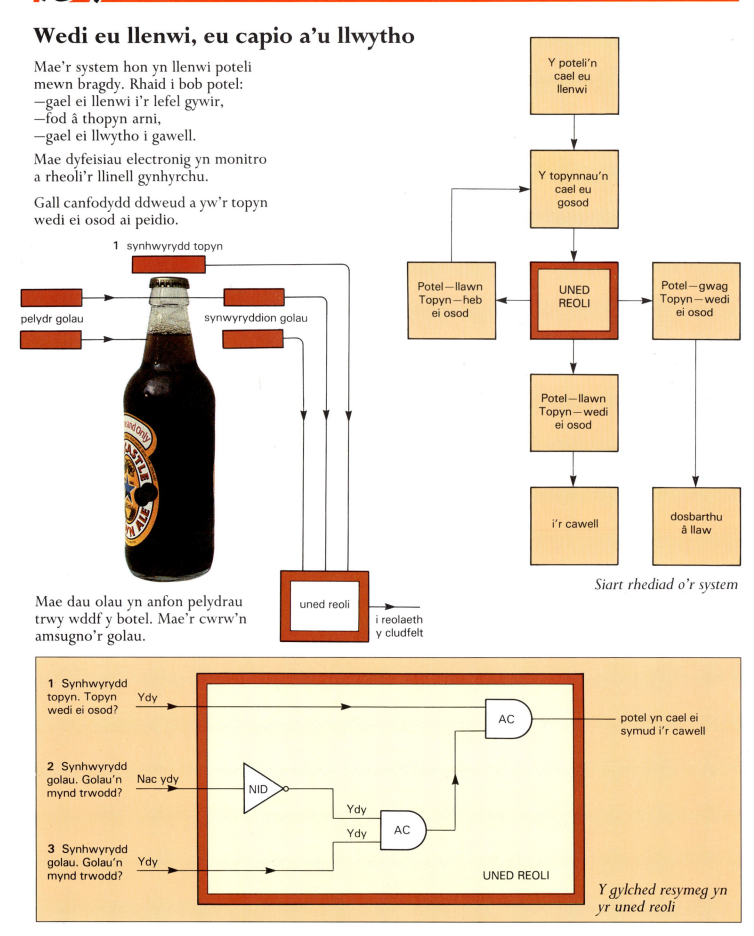

1 synhwyrydd topyn

pelydr golau

synwyryddion golau

uned reoli

i reolaeth y cludfelt

Mae dau olau yn anfon pelydrau trwy wddf y botel. Mae'r cwrw'n amsugno'r golau.

Y poteli'n cael eu llenwi

Y topynnau'n cael eu gosod

Potel—llawn Topyn—heb ei osod

UNED REOLI

Potel—gwag Topyn—wedi ei osod

Potel—llawn Topyn—wedi ei osod

i'r cawell

dosbarthu â llaw

Siart rhediad o'r system

1 Synhwyrydd topyn. Topyn wedi ei osod?   Ydy

2 Synhwyrydd golau. Golau'n mynd trwodd?   Nac ydy

3 Synhwyrydd golau. Golau'n mynd trwodd?   Ydy

NID

AC   Ydy   Ydy

AC

potel yn cael ei symud i'r cawell

UNED REOLI

Y gylched resymeg yn yr uned reoli

Adwyon rhesymeg

Mae'r uned reoli yn defnyddio adwyon rhesymeg. Mae tri math o adwyon rhesymeg. Maen nhw'n gofyn cwestiynau syml ac yn cyflwyno ateb. Ystyr YDY yw bod y synhwyrydd wedi cael ei roi ar waith.

Adwy AC
Mae angen dau signal YDY cyn y bydd yn rhyddhau signal YDY.

Adwy NID
Mae hon yn newid signal YDY yn NAC YDY, neu signal NAC YDY yn YDY.

Adwy NEU
Os bydd un o'r signalau sy'n dod i mewn yn YDY, bydd yn rhyddhau signal YDY.

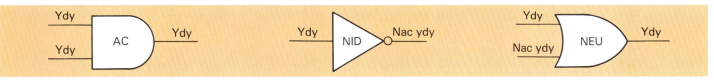

Poteli llawn a photeli gwag

- Cynlluniwch y system resymeg a fydd yn canfod:
  —poteli llawn heb dopynnau,
  —poteli gwag â thopynnau.

1 Nid yw'n rhaid i'r system ganfod poteli llawn â thopynnau. Pam?

Relái

Mae angen cyflenwad foltedd isel ar adwyon rhesymeg er mwyn iddyn nhw weithio'n iawn. Ond mae ar gludfelt y ffatri angen modur trydan pwerus i'w yrru. Mae ar hwn angen llawer o egni a chyflenwad foltedd uchel. Mae'r adwyon rhesymeg yn rheoli'r cludfelt â relái. Dyfais foltedd isel yw hon sy'n gallu cynnau'r modur i yrru'r cludfelt.

2 Beth fydd yn digwydd pan fo cerrynt trydan bach yn llifo yng nghoil y relái? Pam?

3 Cysylltwch y relái â batri pwrpasol a gwyliwch. Gwnewch hyn sawl gwaith.

4 Beth fydd yn digwydd pan gaiff y cerrynt yn y coil ei ddiffodd? Pam?

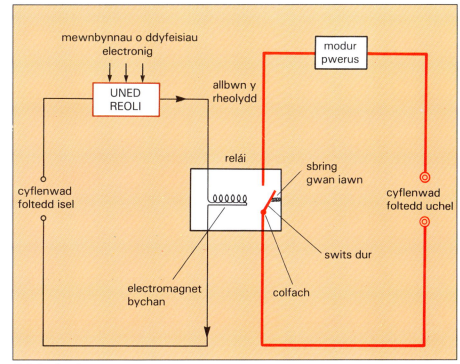

Cylched relái

YCHWANEGIADAU

1 Cynlluniwch system rhybudd tân ar gyfer yr ysgol. Gallwch ddefnyddio chwe chanfodydd mwg a blwch rheoli yn cynnwys adwyon rhesymeg. Dylai'r system:
—gynnau larwm pan fo unrhyw ganfodydd mwg yn anfon signal,
—gynnwys panel sy'n dangos pa ganfodydd sydd wedi ei gynnau,
—gynnwys botwm ailosod i ddiffodd y system.

2 Cynlluniwch system yn cynnwys dau fotwm ar gyfer sioe gwis. Bydd gan ddau gystadleuydd fotwm a golau bob un. Wrth i un botwm gael ei bwyso, rhaid i'r golau hwnnw gynnau a bydd yn rhaid iddo atal y botwm arall rhag gweithio.

Mae gardd botel yn gorfod bod yn system sydd wedi ei chydbwyso'n ofalus iawn. Pan fo'n rhy wlyb, mae niwlen yn ffurfio ar yr ochrau ac ni allwch weld y planhigion. Pan fo'n rhy sych, mae'r planhigion yn marw. Mae problemau tebyg â'r tymheredd. Pan fo'n rhy boeth, mae'r planhigion yn gwywo a marw.

Thermistorau

Gwrthydd â'i wrthiant yn newid wrth i'r tymheredd newid yw thermistor. Symbol thermistor yw:

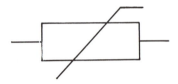

Gallwch ddefnyddio thermistor i fonitro tymheredd. Mae gan thermistor wrthiant gwahanol ar wahanol dymereddau. Mae hyn yn golygu bod cerrynt gwahanol yn llifo.

Gwneud thermomedr

● Defnyddiwch y syniad hwn i gynllunio ac adeiladu thermomedr electronig. Rhaid i'ch thermomedr fonitro'r tymheredd yn yr ardd botel.

Logio data

Trwy gysylltu thermomedr electronig â chyfrifiadur, gallwch fonitro'r tymheredd a'i gofnodi dros amser hir. Gelwir hyn yn 'logio' data.

Monitro tymheredd

● Defnyddiwch unrhyw ddull logio data i weld beth sy'n digwydd i'r tymheredd yn eich gardd botel ar ddiwrnod arferol. Pryd mae'r tymheredd ar ei uchaf? Pryd mae ar ei isaf? Sut mae'r planhigion yn eich gardd botel yn ymateb i'r newidiadau hyn yn y tymheredd?

Cynllunio

Ydy'r planhigyn yn gwneud gwahaniaeth?

● Cynlluniwch ymchwiliad i ddarganfod a yw rhoi planhigyn yn eich gardd botel yn cael unrhyw effaith ar y tymheredd y tu mewn i'r botel. Gwnewch eich ymchwiliad os bydd gennych amser. Gallwch wneud gardd botel o botel blastig glir.

YCHWANEGIADAU

1 Adeiladwch thermomedr electronig sy'n cael ei yrru gan fatri. Dylai ddarllen tymheredd rhwng 0°C a 50°C.

2 Ydy pob rhan o'r ardd botel yn cynhesu ac oeri yn yr un ffordd? Dewch o hyd i fannau poeth ac oer.

3 Nodwch o leiaf bum enghraifft bosibl o ddefnyddio thermistorau yn eich cartref.

Heb ddŵr, mae'r rhan fwyaf o blanhigion yn marw. Mae llawer o blanhigion yn marw o or-ddyfrio. Mae'n rhaid sicrhau eu bod yn cael y mesur cywir o ddŵr ar gyfer tyfu a chadw'n wyrdd.

Mae'r gylched hon yn dangos swits syml sy'n sensitif i ddŵr. Mae'r bwlch rhwng y ddwy wifren A a B fel arfer yn sych. Mae gan aer sych wrthiant uchel iawn, felly nid oes cerrynt yn llifo. Pan gaiff y gwifrau eu rhoi mewn dŵr, gall cerrynt lifo. Dim ond cerrynt bychan iawn fydd hwn gan fod dŵr yn ddargludydd gwael.

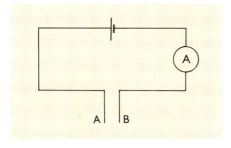

Ymchwilio

- Defnyddiwch y gylched i adeiladu prôb sy'n gallu canfod dŵr.

Cynnal prawf canfod celwydd

Mae rhai canfodyddion celwydd yn mesur faint o leithder sydd ar y croen. Dywed gwyddonwyr fod rhywun sy'n dweud celwydd yn nerfus ac yn chwysu mwy. Mae hyn yn gwneud i'r croen ddargludo trydan yn well. Gall mesurydd sensitif ganfod y newid hwn. Ond a yw pobl yn chwysu pan fyddan nhw'n dweud celwydd?

- Cynlluniwch ymchwiliad i ddarganfod a yw pobl sy'n dweud celwydd yn chwysu mwy. A oes unrhyw newidiadau eraill yn eu cyrff?

YCHWANEGIADAU

1 Defnyddiwch eich prôb i wneud mesurydd sy'n cynhyrchu sŵn wrth i lefel dŵr ostwng o dan lefel diogelwch. Fel hyn, gall planhigyn ofyn am ddŵr pan fo'n sych!

2 Mae'n rhaid defnyddio jeli i lynu'r electrodau sy'n casglu signalau trydanol bach yn y corff. Sut jeli fydd hwn? Rhestrwch nodweddion y jeli. Ceisiwch ddarganfod sylweddau a allai wneud y gwaith a phrofwch nhw i weld pa un yw'r gorau.

3 Ydy rhew yn dargludo trydan? Ymchwiliwch.

Gosod electrodau ar dalcen claf i fesur signalau trydanol yn yr ymennydd ar gyfer prawf EEG (electroenceffalograff)

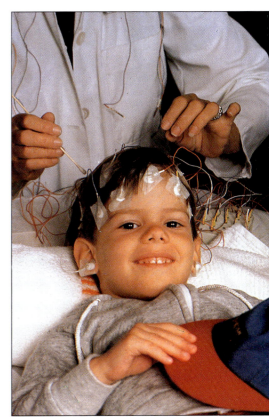

Mae angen dŵr heli ar siarc, ond byddai'r dŵr hwn yn lladd brithyll brown

Dŵr pysgod

Mae gan bron bob sw gasgliad o bysgod. Mae'n rhaid cadw pysgod y môr mewn dŵr môr ond dŵr ffres sydd ei angen ar bysgod eraill. Mae'n bwysig peidio â chymysgu'r cyflenwadau dŵr mewn sw. Byddai dŵr môr yn lladd llawer o bysgod afon. Gellir defnyddio probau electronig i brofi'r dŵr sydd yn mynd i'r tanc.

● Mae gan ddŵr môr wrthiant trydanol llawer is na dŵr ffres. Defnyddiwch y ffaith hon i gynllunio prôb i ganfod dŵr heli. Adeiladwch eich prôb a phrofwch a yw'n ddibynadwy ai peidio.
1 A all rhywbeth ddrysu eich prôb?
2 Beth yw'r toddiant halen gwannaf y gall ei ganfod?

Dŵr pur?

Dŵr wedi ei ddad-ïoneiddio yw dŵr heb unrhyw sylweddau sy'n dargludo trydan wedi eu toddi ynddo. Defnyddir ef mewn haearn smwddio stêm ac mewn toddiannau cemegol.

Caiff dŵr o'r fath ei gynhyrchu wrth roi dŵr tap trwy gemegion sy'n gallu cael gwared o'r sylweddau hydawdd.

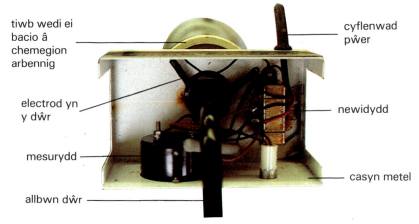

tiwb wedi ei bacio â chemegion arbennig

electrod yn y dŵr

mesurydd

allbwn dŵr

cyflenwad pŵer

newidydd

casyn metel

Dad-ïoneiddydd mewn labordy ysgol. Mae hwn yn newid dŵr tap yn ddŵr wedi ei ddad-ïoneiddio.

YCHWANEGIADAU

1 Defnyddiwch eich prôb i brofi gwahanol fathau o ddŵr potel. Pa un yw'r puraf?
2 Beth allwch chi ei doddi mewn dŵr heb effeithio ar ei allu i ddargludo trydan? Profwch gymaint o bethau â phosibl. A oes unrhyw batrymau?

Mae larwm lladron mewn llawer o dai. Maen nhw i gyd yn gweithio trwy ganfod newidiadau annisgwyl yn yr awyrgylch—er enghraifft:
—golau mewn ystafell dywyll,
—sŵn mewn ystafell a ddylai fod yn wag a distaw,
—symudiad mewn ystafell wag,
—gwres corff dynol,
—pwysau rhywun yn cerdded dros swits cudd.

● Cynlluniwch system larwm lladron ar gyfer yr ystafell yn y llun. Gallech ddefnyddio dau neu dri o'r syniadau uchod. Ar gyfer pob rhan o'ch system, eglurwch sut y byddech yn gobeithio canfod rhywun yn torri i mewn. Sut y byddech chi'n cynnau'r system heb achosi i'r larwm ganu?

Ymchwilio

Canfod golau

Mae gwrthydd golau-ddibynnol (*light-dependent resistor—LDR*) yn gallu canfod newidiadau yng nghryfder golau.
● Cynlluniwch gylched a fydd yn canfod golau tors lleidr mewn swyddfa dywyll.
● Dychmygwch eich bod yn lleidr. Rydych yn gwybod bod gan swyddfa system larwm sy'n gallu canfod golau tors. Ymchwiliwch i effaith newid lliw y bwlb yn eich tors. A allwch chi ddarganfod lliw golau a fydd yn caniatáu i chi weld ond na fydd yn cynnau'r larwm?

YCHWANEGIADAU

1 Gellir defnyddio *LDR* mewn cylchedau ar gyfer lampau stryd. Cynlluniwch gylched sy'n cynnau lamp wrth iddi nosi.

2 Sut mae cylched *LDR* yn helpu i atal yr holl nwyddau rhag disgyn oddi ar ben draw'r cludfelt yn yr archfarchnad?

Mae'r saeth yn dangos y synhwyrydd LDR

17·1 Priddoedd

Ymchwilio

Pa fath o bridd mae planhigion ei angen?

Datblygwch eich math arbennig chi o gompost potio. Defnyddiwch rai o'r pethau yn y llun. Bydd yn rhaid:

- cynllunio profion i ddarganfod pa gompost sy'n gwneud i'r planhigion dyfu orau,
- penderfynu beth yw costau gwneud eich compost.

Bydd yn cymryd peth amser i gael eich holl ganlyniadau, felly byddwch yn amyneddgar.

graean

tywod

clai

cerrig mân

calch gardd

dŵr

compost

gwrtaith *Growmore*

mawn

sbwriel gardd

papurau newydd wedi eu rhwygo

tail ceffyl

Beth sydd mewn pridd da?

Profwch samplau o bridd.

- Cymerwch samplau o ardaloedd y tybiwch chi sy'n dda i blanhigion—cae neu goedlan fechan, efallai.
- Cymerwch samplau eraill o ardaloedd lle nad oes llawer o blanhigion yn tyfu—darn o dir gwastraff yn ymyl ffatri, efallai.

1 Allwch chi ddarganfod gwahaniaethau rhwng y priddoedd?

Sut mae pridd yn ffurfio?

Mae pridd yn cymryd amser hir i ffurfio. Roedd Charles Darwin wedi darganfod bod 10 cm o uwchbridd yn cymryd 100 mlynedd i ffurfio.

Yn gyntaf, mae creigiau a cherrig yn hollti yn ddarnau llai. Mae rhan o'r gwaith hwn yn cael ei wneud gan blanhigion ac anifeiliaid. Wrth iddyn nhw farw, mae eu cyrff yn dadelfennu. Mae hyn yn creu sylwedd du, gludiog a elwir yn hwmws. Mae hwmws yn cymysgu gyda'r darnau creigiau i ffurfio rhywbeth yn debyg i bridd.

Cyn hir, mae planhigion ac anifeiliaid mawr yn ymgartrefu ynddo. Mae eu gwreiddiau neu eu cyrff yn cymysgu'r pridd trwy symud ynddo. Maen nhw hefyd yn helpu i gymysgu aer i'r pridd.

Cynllunio

Abwydod yn y pridd

Abwydod (pryfed genwair) yw rhai o'r anifeiliaid gorau am wneud pridd. Cynlluniwch ymchwiliad i edrych ar un o'r cwestiynau isod.

2 Beth mae abwydod yn fwyta?

3 Beth sydd orau gan abwydod, (**a**) dail gwyrdd ffres ynteu (**b**) dail brown sych?

4 Ydy abwydod yn tyllu'n ddyfnach yn y ddaear mewn tywydd poeth?

5 Ydy abwydod yn gallu gwahaniaethu rhwng golau a thywyllwch? Os felly, ydyn nhw'n gallu gweld gwahanol liwiau?

Arsylwi

Haenau yn y pridd

Mae gwahanol haenau mewn pridd. Yr haenau uchaf fel arfer yw'r rhai mwyaf ffrwythlon. Maen nhw'n cynnwys yr hwmws a chyflenwad da o aer. Mae'r hwmws yn dadelfennu'n araf gan ryddhau mwynau. Mae'r haenau isaf wedi eu gwneud o greigiau a cherrig sydd heb eu malu'n fân.

Mae gan blanhigion bach (fel glaswellt) wreiddiau sy'n tyfu yn yr haenau uchaf. Mae'r gwreiddiau hyn yn amsugno mwynau a dŵr yn gyflym. Mae hyd yn oed wreiddiau coed mawr, fel y dderwen a'r binwydden, yn yr haenau uchaf yn bennaf. Felly, mae cystadleuaeth gref am y dŵr a'r mwynau hyn. Hefyd, mae gan goed wreiddiau llawer mwy sy'n gwthio i lawr i'r haenau isaf. Gallan nhw amsugno mwynau a dŵr a'u cario i'r wyneb.

6 Pa newidiadau welwch chi yn y pridd wrth fynd yn ddyfnach?

7 Clai a graean yw'r haen oren. Nodwch ddau wahaniaeth rhwng hon a'r haen uchaf.

8 Nodwch ddwy ffordd mae'r mwynau yn yr haenau clai isaf yn gallu cyrraedd yr haen uchaf.

9 Mae aredig yn troi'r haen bridd. Pam nad yw'n syniad da aredig yn rhy ddwfn?

Proffil o bridd—lôm tywodlyd dros glai golau a graean

YCHWANEGIADAU

1 (**a**) Cynlluniwch brawf i weld pa mor gyflym mae dŵr yn gallu draenio trwy sampl o bridd.
(**b**) Darganfyddwch a yw planhigion yn tyfu'n well mewn compost sy'n draenio'n gyflym neu mewn compost sy'n draenio'n araf.
   Gwnewch rai o'r profion hyn ar eich compost potio.

2 Cewch ychydig o bridd wedi ei steryllu gan eich athro. Cynlluniwch ymchwiliad i weld a yw pridd wedi ei steryllu yn well na phridd arferol ar gyfer tyfu hadau. Os bydd gennych amser, rhowch gynnig ar eich cynllun.

3 Taenwch doddiant gwanedig o hylif golchi llestri mewn dŵr ar ychydig o bridd. Bydd abwydod yn codi i'r wyneb. Darganfyddwch faint o abwydod sy'n byw o dan eich lawnt neu o dan gae chwarae'r ysgol. Ond peidiwch â gorchuddio'r cyfan â hylif golchi llestri!

93

Arsylwi

Coedwigoedd glaw

Edrychwch ar y lluniau. Maen nhw i gyd wedi eu tynnu yn yr un ardal.

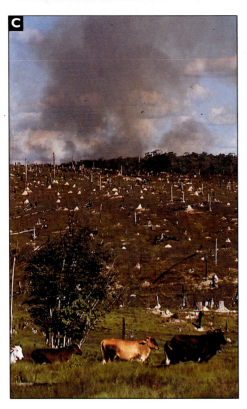

- Penderfynwch pa lun gafodd ei dynnu gyntaf.
- Rhowch y gweddill yn y drefn y tynnwyd nhw. Pa gliwiau allwch chi eu defnyddio i benderfynu ar y drefn gywir?
- Gwnewch restr o'r holl newidiadau a welwch rhwng y llun cyntaf a'r olaf.
- Pa newid fyddai'r mwyaf anodd i'w ddad-wneud?

Mae'r coedwigoedd glaw yn rhai o'r ardaloedd mwyaf ffrwythlon yn y byd. Mae miloedd o fathau o blanhigion ac anifeiliaid yn byw ar bob kilometr sgwâr.

- Ysgrifennwch restr o resymau pam nad yw'n syniad da llosgi'r coedwigoedd glaw. Pam mae pobl yn gwneud hyn?

Beth sy'n cadw tir yn ffrwythlon?

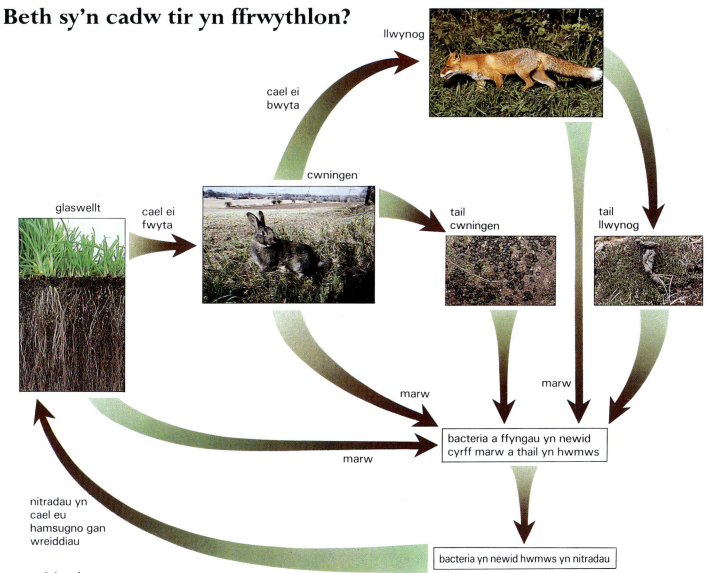

▲ *Y gylchred nitrogen*

1 Pa un o'r pethau hyn fydd yn helpu'r gylchred uchod?
- aredig chwyn yn ôl i'r pridd ar ôl cynhaeaf?
- taenu tail o'r beudy ar dir glaswellt?
- ar ôl diwrnod o arddio, rhoi'r holl chwyn yn y bin sbwriel?
- torri'r lawnt a gwneud compost o'r toriadau?

2 Weithiau, byddwn yn codi planhigion o'r pridd i'w bwyta. Sut mae hyn yn effeithio ar ffrwythlondeb y pridd?

3 Sut mae ffermwyr yn gallu helpu i gadw'r priddoedd yn ffrwythlon os yw planhigion yn cael eu symud o'r pridd i'w bwyta?

YCHWANEGIADAU

1 Beth yw gwrtaith? Beth sydd ei angen i'w gynhyrchu?

2 Allwch chi adnabod y gwahaniaeth rhwng cnydau 'organig' (wedi eu tyfu heb wrtaith artiffisial) a chnydau eraill? Cynlluniwch brawf a rhowch gynnig arno, os yn bosibl.

Cynllunio

3 Mae gwrtaith yn ddrud iawn. Cynlluniwch ymchwiliad i ddarganfod:
- (a) faint o wrtaith sydd angen ei ddefnyddio,
- (b) yr amser gorau i'w ychwanegu at y pridd.

Erydiad pridd

Mae pridd yn gymysgedd cymhleth o wahanol bethau sy'n cael eu dal yn llac at ei gilydd. Os caiff ei chwalu, gall fod wedi ei niweidio'n rhy ddrwg i'w adfer.

Ymchwilio

Erydiad gan ddŵr sy'n llifo

Un o'r pethau sy'n gallu niweidio pridd yw dŵr yn llifo. Mae'n gallu golchi'r pridd oddi ar ochrau'r mynyddoedd a'i gario i lawr fel ei fod yn tagu'r afonydd yn y dyffrynnoedd.

Ymchwiliwch i rai o'r cwestiynau isod.

1 Ydy pridd noeth yn erydu ynghynt na phridd â phlanhigion arno?

2 Beth sy'n achosi'r erydiad gwaethaf: ffrwd fechan sy'n llifo am amser hir ynteu yr un faint o ddŵr yn dod mewn llif sydyn?

3 Pa un sy'n cael yr effaith fwyaf ar erydiad: faint o ddŵr sy'n llifo ynteu goledd y llethr?

4 Beth arall sy'n gallu effeithio ar gyfradd erydiad y pridd?

Defnyddiwch ganlyniadau eich ymchwiliadau i baratoi cynllun ar gyfer ffermwyr Dyffryn Arapo yn California. Dylai eich cynllun egluro:
—sut mae erydiad yn cael ei achosi,
—pa rannau o'r dyffryn sydd fwyaf tebygol o ddioddef erydiad,
—sut y dylai'r ffermwyr geisio ei atal rhag digwydd.

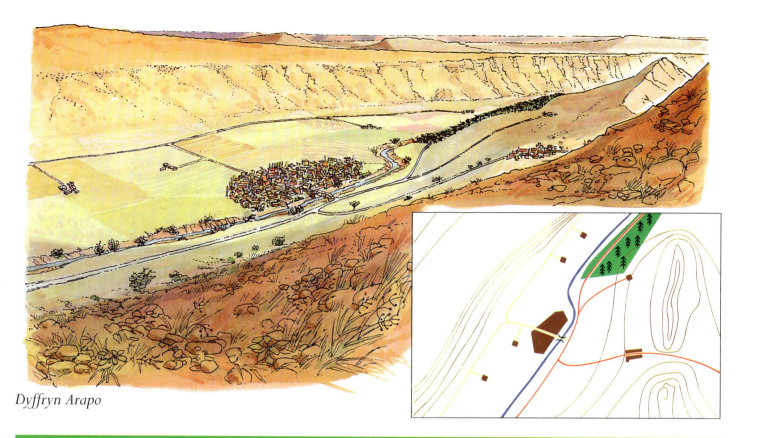

Dyffryn Arapo

Erydiad gan wynt

Peth arall sy'n gallu achosi erydiad y pridd yw gwynt. Mae hon yn broblem fawr yn nwyrain Lloegr. Mae tir gwastad sy'n ymestyn am kilometrau i bob cyfeiriad yn caniatáu i wynt chwythu pridd sych fel powdr o un cae i'r llall. Mae hyn yn gwaethygu wrth i ffermwyr glirio'r cloddiau i wneud caeau mawr yn lle nifer o gaeau bach.

Storm lwch yn Kansas

Cynllunio

Atalfeydd gwynt

Cynlluniwch ymchwiliad i ateb un o'r cwestiynau hyn:

5 Ydy uchder atalfa wynt yn effeithio ar ba mor dda mae'n gweithio?

6 Beth sy'n gweithio orau—waliau solid ynteu ffensys â bylchau rhyngddyn nhw?

YCHWANEGIADAU

1 Cynlluniwch fwgan brain sy'n symud i ddychryn adar yn y gwynt lleiaf posibl. Rhaid iddo fod yn ddigon cryf i wrthsefyll corwyntoedd cryfion hefyd. Cynlluniwch ymchwiliad i weld pa mor dda mae'n dychryn adar.

2 Pa wledydd yw'r rhai mwyaf tebygol o ddioddef o erydiad pridd? Defnyddiwch y llyfrgell i ddarganfod ym mhle mae erydiad pridd wedi gwneud y niwed mwyaf. Beth y gellir ei wneud i atal hyn rhag gwaethygu?

3 Ydy pridd tywodlyd yn erydu ynghynt na phriddoedd sy'n llawn hwmws? Cynlluniwch ymchwiliad i ddarganfod yr ateb. Os bydd gennych amser, rhowch gynnig ar yr ymchwiliad.

17·4 Tywydd

Tywydd lleol

● Gwnewch arolwg yn yr ysgol (neu gartref) i ddarganfod sut fath o dywydd sydd i'w gael mewn gwahanol rannau o diroedd yr ysgol (neu'r ardd). Cyn dechrau, meddyliwch yn ofalus.

1 Beth fyddwch chi yn ei fesur, a pham:
  —y glawiad?
  —buanedd a chyfeiriad y gwynt?
  —y tymheredd?

2 Sut y byddwch chi'n eu mesur?
Fe welwch awgrymiadau isod.

3 Sut y byddwch chi'n cofnodi eich canlyniadau?
Beth fyddwch chi'n ei gofnodi?

● Pan fyddwch wedi casglu eich canlyniadau, gweithiwch gyda grwpiau eraill yn eich dosbarth i gynhyrchu map cyflawn o'r ysgol. Dylai hwn ddangos gwahanol ystafelloedd dosbarth, iard yr ysgol ac ati. Ar y map, plotiwch y pethau rydych chi wedi eu mesur.

4 A allwch chi weld ardaloedd oer annisgwyl? Neu ardaloedd cynnes? Ym mhle mae hi fwyaf gwyntog?

● Defnyddiwch eich map i awgrymu ym mhle y dylech chi roi
  —melin wynt,
  —gardd o flodau haul,
  —gorsaf dywydd i gael darlleniadau ar gyfer yr holl ardal,
  —gardd blanhigion tir gwlyb fel corsenni a mwsogl,
  —tŷ gwydr.

Rheoli'r tywydd

Nid ydym yn gallu rheoli'r tywydd. Y gorau y gallwn ei wneud yw adeiladu ein cartrefi a rheoli'r amgylchiadau y tu mewn iddyn nhw.

Gallwn hefyd amddiffyn planhigion rhag amgylchiadau gwael. Mae tŷ gwydr yn caniatáu i blanhigion dyfu ychydig ynghynt.

● Gallwch wneud tai gwydr bach rhad o boteli plastig. Cynlluniwch brawf teg i weld a yw lliw y botel yn cael unrhyw effaith.

5 Pa liw potel sydd orau i blanhigion?
6 Beth arall allai effeithio ar dyfiant y planhigion?

Os bydd gennych amser, gwnewch y prawf.

Tai gwydr bach plastig

Gwynt a glaw

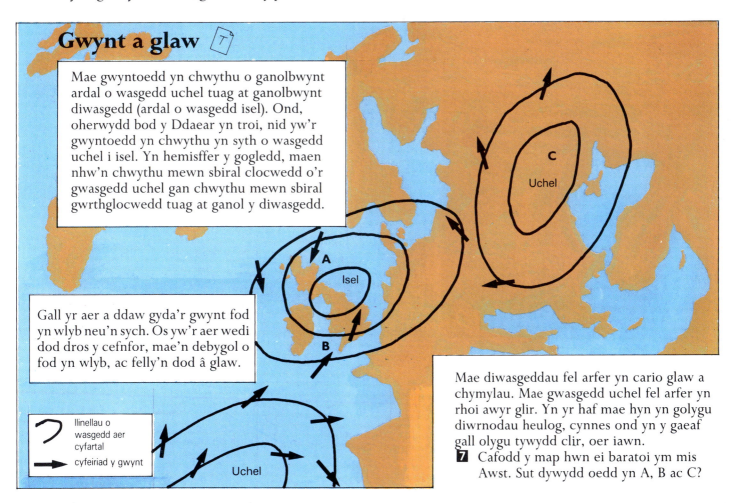

Mae gwyntoedd yn chwythu o ganolbwynt ardal o wasgedd uchel tuag at ganolbwynt diwasgedd (ardal o wasgedd isel). Ond, oherwydd bod y Ddaear yn troi, nid yw'r gwyntoedd yn chwythu yn syth o wasgedd uchel i isel. Yn hemisffer y gogledd, maen nhw'n chwythu mewn sbiral clocwedd o'r gwasgedd uchel gan chwythu mewn sbiral gwrthglocwedd tuag at ganol y diwasgedd.

Gall yr aer a ddaw gyda'r gwynt fod yn wlyb neu'n sych. Os yw'r aer wedi dod dros y cefnfor, mae'n debygol o fod yn wlyb, ac felly'n dod â glaw.

~ llinellau o wasgedd aer cyfartal
→ cyfeiriad y gwynt

Mae diwasgeddau fel arfer yn cario glaw a chymylau. Mae gwasgedd uchel fel arfer yn rhoi awyr glir. Yn yr haf mae hyn yn golygu diwrnodau heulog, cynnes ond yn y gaeaf gall olygu tywydd clir, oer iawn.

7 Cafodd y map hwn ei baratoi ym mis Awst. Sut dywydd oedd yn A, B ac C?

YCHWANEGIADAU

1 Yn ystod gaeaf 1989-90, cafodd gwledydd Prydain stormydd garw. Gwnaeth y gwyntoedd cryfion werth miliynau o ddifrod. Edrychwch o gwmpas eich cartref am bethau y gallai gwyntoedd cryfion eu niweidio. Cafodd llawer o deils toeon, tai gwydr a siediau gardd eu difrodi. Awgrymwch ddulliau o amddiffyn y rhain rhag gwyntoedd cryfion.

2 Mae'n rhaid i felinau gwynt wynebu'r gwynt. Cynlluniwch felin wynt sy'n troi i wynebu'r gwynt yn awtomatig.

17·5 Gwlypdiroedd

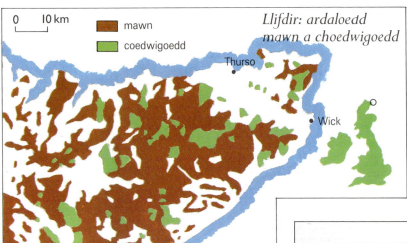

Llifdir: ardaloedd mawn a choedwigoedd

Nid yw gwlypdir lle mae'r pridd yn llawn dŵr yn cael ei ddefnyddio ar gyfer amaethyddiaeth yn aml. Nid oes fawr ddim o werth yn tyfu ynddo. Fodd bynnag, mae peiriannau modern yn gallu torri sianeli draenio trwy'r pridd. Yna gellir tyfu planhigion eraill ynddo. Yng ngogledd yr Alban, mae coed conwydd yn cael eu plannu mewn ardaloedd eang o wlypdir wedi ei ddraenio. Mae cadwriaethwyr o'r farn bod hyn yn drychineb. Ateb y coedwigwyr yw mai manteisio ar adnoddau sydd ar gael yn barod yw hyn. Beth yw eich barn chi?

Llifdir

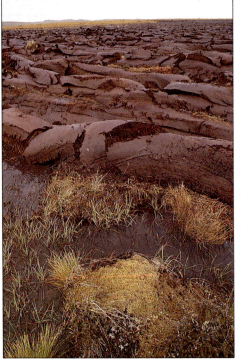

Aredig ar gyfer coedwigoedd

Pyrwydden Sitka yn ei llawn dw

Mae pridd yn gymysgedd o nifer o wahanol bethau. Un o'r rhai pwysicaf yw aer. Mae angen ocsigen ar wreiddiau planhigion i'w helpu i dyfu. Os yw'r pridd yn llawn dŵr, nid oes ocsigen ar gael i'r gwreiddiau.

Pan nad oes aer yn gallu cyrraedd y pridd, mae planhigion ac anifeiliaid marw yn dadelfennu'n araf iawn. Os nad yw cyrff marw yn dadelfennu, mae rhan bwysig o'r gylchred nitrogen yn cael ei thorri. Mae planhigion cors yn aml yn dangos diffyg nitrogen a mwynau eraill.

Cynllunio

Y tirlun yn newid

Mae'r newidiadau yn y tirlun yn anferth. Ond a allwn ni eu mesur?

- Cynlluniwch system i fesur newidiadau pwysig dros ddeng mlynedd. Bydd yn rhaid penderfynu:
  —beth i'w mesur ynglŷn â'r pridd,
  —beth i'w mesur ynglŷn â'r anifeiliaid a'r planhigion yn yr ardal,
  —unrhyw bethau eraill sydd angen eu cofnodi.
Yn eich cynllun eglurwch yn union sut y byddwch yn mesur un o'r newidiadau pwysig rydych wedi ei enwi.

Draenio neu beidio?

Ardal o wlypdir yng ngogledd yr Alban yw'r llifdir. Ym 1987, ffurfiwyd pwyllgor gan Gyngor Rhanbarthol yr Ucheldiroedd i benderfynu beth fyddai orau i'w wneud â'r llifdir. Fe welwch rywfaint o'r dystiolaeth o blaid ac yn erbyn y datblygiad ar y daflen waith.

Mae'r cynefin naturiol:

—yn gartref i blanhigion cigysyddol prin,

—yn lle i adar prin nythu,

—yn lle i gynnal chwaraeon (ar gyfer rhai pobl).

Tafod y Gors Mwyaf

Cornicyll Aur

Hela crugieir

Mae ailddatblygu yn darparu:

—adnoddau naturiol, adnewyddadwy o dan reolaeth,

—diwydiant cynhyrchu gwerthfawr.

Coed o dir wedi ei ddraenio

Papur o'r Alban

● Ysgrifennwch baragraff o blaid ac yn erbyn pob un o'r ffyrdd hyn o ddefnyddio cefn gwlad gwyllt.

YCHWANEGIADAU

1 Cynlluniwch brawf i gymharu sut mae gwahanol blanhigion yn gwrthsefyll cael eu dwrlenwi.

2 Mae corsydd yn aml yn cynhyrchu nwy methan. Caiff hwn ei gynhyrchu wrth i facteria ddadelfennu planhigion ac anifeiliaid marw. Mae'r bacteria hyn yn gallu byw heb lawer o ocsigen. Cynlluniwch beiriant i newid defnyddiau organig gwastraff (fel carthion) yn fethan defnyddiol.

Ymchwilio

3 A oes unrhyw ddulliau eraill o atal priddoedd rhag cael eu dwrlenwi? Meddyliwch am gynifer o ddulliau ag y gallwch. Cynlluniwch brawf teg i gymharu eich syniadau. Cyn dechrau, bydd yn rhaid i chi ystyried sut i fesur:
—faint o ddŵr sydd mewn sampl o bridd,
—pa mor gyflym mae'r dŵr yn draenio o sampl o bridd.
Trafodwch eich syniadau â'ch athro. Os bydd gennych amser, gwnewch eich profion.

Ardal yn yr Unol Daleithiau yw'r Garwdiroedd, lle mae'r pridd wedi ei niweidio cymaint fel bod y tir wedi troi'n anialwch. Mae'r lluniau ar y dudalen hon yn dangos tir wedi ei niweidio.

1 Beth sydd wedi achosi'r niwed ym mhob llun?

2 Pa fath o bethau y gellir eu gwneud i wella'r tir?

◀ *Trwyn Zabriskie, California*

Mwyngloddio clai tsieni yng Nghernyw

Tirlenwi â sbwriel

Tir dinasoedd

Mae tir mewn dinasoedd yn ddrud iawn. Mewn rhai ardaloedd yn Llundain, gall tir gostio 100 gwaith mwy na safle tebyg ar arfordir gorllewinol yr Alban.

Mae gan amryw o ddinasoedd ardaloedd eang o dir wedi ei niweidio neu dir diffaith. Mae rhai o'r ardaloedd diffaith hyn wedi cael eu gwella er mwyn eu hailddefnyddio.

3 Beth yw manteision ailddefnyddio tir diffaith?

Tir wedi'i wenwyno

Un o'r prif broblemau sy'n wynebu datblygwyr modern yw bod rhyfaint o'r tir diffaith wedi ei wenwyno. Yn y gorffennol, roedd ffatrïoedd yn achosi llawer o lygredd. Gelwir y cemegion a ryddheir gan y ffatrïoedd hyn yn llygryddion. Mae llygryddion sy'n cynnwys plwm a chopor i'w cael yn aml ar safleoedd hen weithfeydd metel. Y ffordd arferol o ddatrys y broblem hon yw cario'r holl bridd gwenwynig oddi yno. Mae'n rhaid clirio darnau eraill o sbwriel hefyd (hen adeiladau, peiriannau ac ati). Mae hyn yn waith drud iawn.

4 Pa broblemau eraill sy'n codi wrth symud y pridd o'r safle?

5 Gofynnir yn aml i wyddonwyr ddarganfod faint o bridd sydd angen ei symud. Bydd y datblygwyr yn awyddus i symud cyn lleied â phosibl. Pam?

6 Beth allai ddigwydd petai pridd glân yn cael ei osod ar ben priddoedd gwenwynig?

Uchaf: Dociau Albert, Lerpwl—ardal ddiffaith
Isaf: Dociau Albert wedi eu hailddatblygu

Ymchwilio

Llygredd copor

Cynlluniwch ymchwiliad i effeithiau llygredd copor ar dyfiant planhigion. Dangoswch eich cynlluniau i'ch athro. Yna, cyflawnwch nhw. Gallwch ddefnyddio toddiant copor sylffad fel llygredd copor yn eich profion.

7 Mewn faint o gopor mae planhigion yn gallu para i fyw?

8 Ydy pob planhigyn yn ymateb i gopor yn yr un ffordd?

9 Ydy asidedd y pridd yn gwneud unrhyw wahaniaeth?

YCHWANEGIADAU

1 Gwnewch arolwg o'ch ardal chi. Oes yna unrhyw dir diffaith? I beth yn eich barn chi y dylai gael ei ddefnyddio? Rhowch resymau am eich ateb.

2 Mae ardaloedd o ddŵr yn aml yn rhai diffaith. Sut y gellir gwella'r rhain? Sut y byddai'r driniaeth ar gyfer camlas yn wahanol i'r driniaeth ar gyfer tir?

Beth yw dyfais bwysicaf dyn?
Yr olwyn? Y wasg argraffu? Y
cyfrifiadur? Y wennol ofod?
Y toiled dŵr?

Pa mor dda yw toiled modern? A
oes modd gwella'r cynllun? Mae
Clivus yn ddewis gwahanol.

- Cymharwch doiled dŵr â *Clivus*.
- Paratowch hysbyseb i'r naill a'r
  llall. Gwnewch yn siŵr eich bod
  yn pwysleisio manteision y
  ddau gynllun.

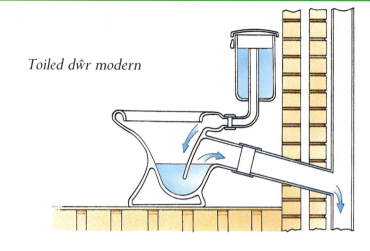

Toiled dŵr modern

◀ *Toiled
dŵr
Fictorianaidd*

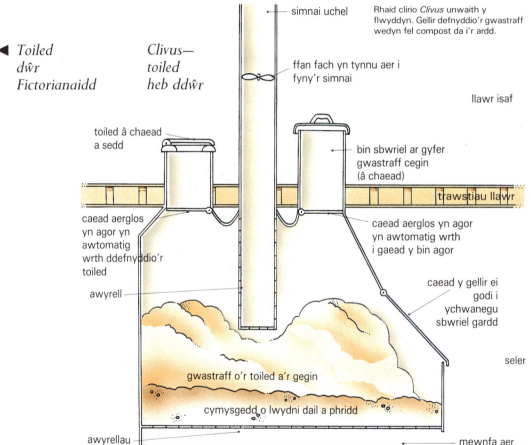

*Clivus—
toiled
heb ddŵr*

simnai uchel

Rhaid clirio *Clivus* unwaith y
flwyddyn. Gellir defnyddio'r gwastraff
wedyn fel compost da i'r ardd.

ffan fach yn tynnu aer i
fyny'r simnai

llawr isaf

toiled â chaead
a sedd

bin sbwriel ar gyfer
gwastraff cegin
(â chaead)

caead aerglos
yn agor yn
awtomatig
wrth ddefnyddio'r
toiled

trawstiau llawr

caead aerglos yn agor
yn awtomatig wrth
i gaead y bin agor

awyrell

caead y gellir ei
godi i
ychwanegu
sbwriel gardd

gwastraff o'r toiled a'r gegin

seler

cymysgedd o lwydni dail a phridd

awyrellau

mewnfa aer

I lawr y draen

Mae'r sylwedd sy'n cael ei arllwys i'r garthffos yn
cynnwys cymysgedd o wahanol gemegion mewn
dŵr. Y 'llif' yw'r enw ar faint o hylif sy'n llifo ar hyd
carthffos bob dydd.

Mae carthion yn cynnwys llygryddion naturiol sy'n
gallu helpu tyfiant bacteria. Mae'r bacteria hyn yn
defnyddio'r ocsigen sydd wedi ei doddi yn yr
afonydd. Oherwydd hyn, does dim ar ôl i'r pysgod ac
anifeiliaid eraill y dŵr. Mae'r gofynion ocsigen
biolegol (GOB) yn fesur o faint o ocsigen y byddai'r
bacteria hyn yn ei ddefnyddio i dyfu. Rhaid gostwng
GOB carthion cyn eu rhyddhau i'r afonydd.

Mae amonia yn gemegyn gwenwynig sy'n llifo i'r
garthffos. Mae'n nwy alcalïaidd a gall ladd llawer o'r
pethau byw sydd yn yr afonydd.

Mewn ardaloedd lle mae llawer o weithfeydd metel,
gall carthion hefyd gynnwys ychydig o fetelau fel
cadmiwm a phlwm. Mae'r rhain yn wenwynig iawn a
rhaid cael gwared ohonyn nhw.

Mae llawer o fân bethau eraill mewn carthion:
darnau o bapur, graean a cherrig, hyd yn oed barrau
metel a brics.

Dewis safle ar gyfer gwaith carthion

Mae Trefaes yn dref nodweddiadol yn ne Cymru. Mae ar lwybr traffordd newydd ac mae'r cyngor lleol yn disgwyl y bydd hyn yn dod â datblygiad newydd i'r ardal. Mae stâd ddiwydiannol fawr wedi ei chynllunio wrth ymyl y ffordd newydd. Bydd mwy na 500 o dai newydd yn cael eu hadeiladu ar ochr arall y dref.

Adeiladwyd yr hen waith carthion yn y 1930au ac mae angen ei adnewyddu. Ni fydd yn gallu ymdopi â'r gofynion ychwanegol. Mae'n rhaid i'r cwmni dŵr lleol adeiladu gwaith newydd.

● Beth fydd maint y gwaith newydd? Defnyddiwch y wybodaeth ar y daflen wybodaeth i gynllunio a phrisio gwaith carthion pwrpasol.

● Ble bydd y gwaith newydd? Dangosir tri safle posibl ar y map: A, B, ac C. Paratowch adroddiad sy'n rhestru manteision ac anfanteision pob safle.

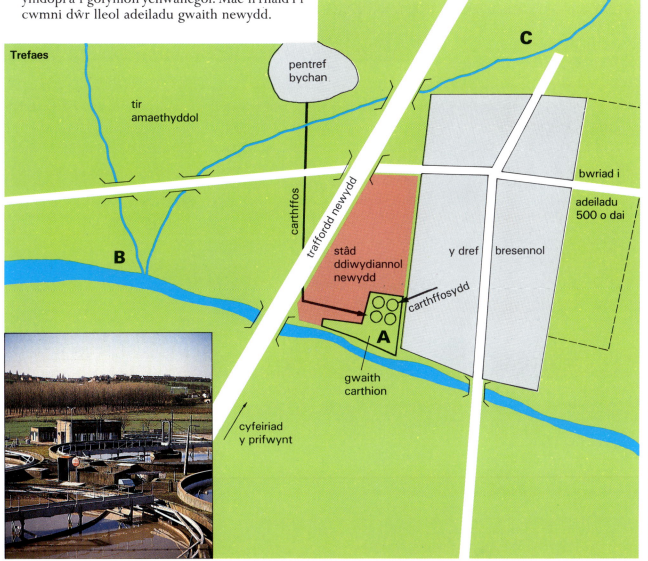

Trefaes

tir amaethyddol

pentref bychan

C

carthffos

traffordd newydd

stâd ddiwydiannol newydd

B

A

gwaith carthion

carthffosydd

y dref   bresennol

bwriad i adeiladu 500 o dai

cyfeiriad y prifwynt

YCHWANEGIADAU

1 Un rhan yn unig o'r sbwriel sy'n cael ei daflu yw carthion. Cofnodwch bob peth mae eich teulu yn ei roi yn y bin sbwriel bob wythnos. Paratowch gynllun ar gyfer eu trin yn effeithiol. Gallwch ystyried ail-gylchynu, llosgi, claddu yn y ddaear neu daflu i'r môr.

2 Darganfyddwch ble mae eich gwaith carthion lleol. I ble mae'r gwastraff yn mynd oddi yno?

17·8 Dŵr budr

Mae'r map yn dangos ardal i'r gogledd o Durham yng ngogledd Lloegr. Afon fechan sy'n llifo i Afon Wear yw Nant Lumley Park. Cymerwyd samplau o ddŵr o'r safle lle mae'r nant yn uno ag Afon Wear. Dychmygwch fod y samplau i gyd yn asidig iawn ar ddiwrnod arbennig.

● Gan ddefnyddio'r samplau dŵr a gasglwyd, darganfyddwch o ble y gallai'r llygredd asidig fod wedi dod. Beth yw'r nifer lleiaf o samplau dŵr sydd eu hangen er mwyn cael ateb?

Nant Lumley Park lle mae'n uno ag Afon Wear

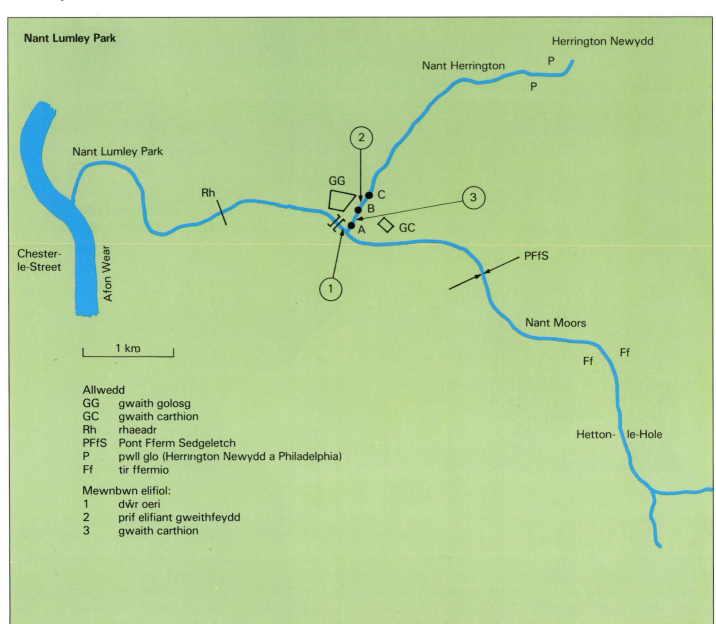

Allwedd
GG   gwaith golosg
GC   gwaith carthion
Rh   rhaeadr
PFfS Pont Fferm Sedgeletch
P   pwll glo (Herrington Newydd a Philadelphia)
Ff   tir ffermio

Mewnbwn elifiol:
1   dŵr oeri
2   prif elifiant gweithfeydd
3   gwaith carthion

Damweiniau

Gall damweiniau llygredd effeithio'n ddifrifol ar ardal. Ym mis Tachwedd 1986, aeth stordy ger Basel yn y Swistir ar dân. Yn y stordy roedd tua 1000 tunnell fetrig o blaleiddiaid a thua 12 tunnell fetrig o gyfansoddion oedd yn cynnwys mercwri. Llifodd y dŵr a ddefnyddiwyd i ddiffodd y tân i Afon Rhein. Ynddo roedd nifer o'r sylweddau gwenwynig hyn. Roedd biolegwyr yn dal i allu canfod y gwenwyn 600 km i ffwrdd lle'r oedd Afon Rhein yn cyrraedd Môr y Gogledd.

Afon Rhein—llygredd 'sans frontières'

Cyfathrebu

Astudiaeth o afon

Nid damwain yw'r rhan fwyaf o'r llygredd sydd i'w ganfod yn ein hafonydd. Heb dorri'r gyfraith, mae ffatrïoedd, gweithfeydd carthion a ffermwyr yn cael rhyddhau rhywfaint o wastraff i'r afonydd. Beth yw effaith hyn?

Profion ar samplau dŵr o Nant Lumley Park

	Nitrad (mg/l)	Amonia (mg/l)	Ffosffad (mg/l)	Ocsigen (%)
Nant Lumley Park	35	2.5	3	100
Safle A	0	12.5	5	50
Safle B	0	10	0	70
Safle C	0	0.5	0	80
Pont Fferm Sedgeletch	50	0	0.5	70

1 Ble mae'r crynodiad mwyaf o ocsigen?

2 Ym mha ran o'r nant mae'r llygredd nitrad mwyaf?

3 O ble mae'r nitrad yn dod?

4 O ble mae'r ffosffad yn dod?

5 Mae lefel yr ocsigen yn uchel iawn yn union o dan y rhaeadr. Pam?

6 Mae lefel yr amonia yn Nant Lumley Park yn is nag yn Nant Herrington. Pam?

● Defnyddiwch y wybodaeth ar y dudalen hon i baratoi adroddiad i'r papur lleol. Dylai ddisgrifio'r llygredd yn Nant Lumley Park. Hefyd, dylech roi manylion y problemau tymor-hir mewn afonydd yn yr ardal hon.

YCHWANEGIADAU

1 Mae rhai cwmnïau yn torri'r gyfraith yn fwriadol. Maen nhw'n rhyddhau gwastraff i lynnoedd ac afonydd. Pam? Ysgrifennwch eich deddf eich hun i ddiogelu llynnoedd ac afonydd rhag llygredd. Sut y gallech chi sicrhau bod pawb yn ufuddhau iddi? Pa gosb fyddech chi'n ei rhoi am dorri'r ddeddf?

2 Cynlluniwch becyn profi i'w ddefnyddio mewn afon. Dylai gynnwys offer ar gyfer mesur y llygredd. Beth fyddech chi'n eu cynnwys? Pam?

3 Faint o ddŵr mae eich teulu chi yn ei ddefnyddio bob wythnos? Darganfyddwch ddull o ddarganfod hyn ac yna profwch ef. Defnyddiwch eich bil dŵr i amcangyfrif pris litr o ddŵr.

17·9 Ceir a ffyrdd

Mae plwm yn cael ei ychwanegu at betrol ac mae'r rhan fwyaf ohono yn cael ei ryddhau trwy bibelli gwacáu cerbydau. Mae hyn yn achosi llwch plwm mân sy'n aros ar ochr y ffordd.

1 Pam mae hyn yn beryglus?

Beth yw'r peryglon?

Plotiwch lefelau'r plwm yn y llwch yn eich ardal chi.
Dylai pob grŵp yn eich dosbarth ddewis ardal wahanol.
Ceisiwch ddarganfod a oes ardaloedd â chrynodiad uchel o blwm, a darganfyddwch beth sy'n achosi hyn. Plotiwch eich canlyniadau ar fap o'ch ardal.

Plwm yn effeithio ar allu disgyblion

Heddiw gofynnodd rhieni ac athrawon am gael symud pob ysgol sydd wrth ymyl traffyrdd.

Mae canlyniadau arolwg cenedlaethol yn dangos bod disgyblion sy'n byw ac yn mynychu ysgolion cynradd wrth ymyl traffyrdd Prydain yn cael marciau is na'r cyfartaledd mewn profion safonol.

Mae hyn yn siŵr o gynyddu'r pryder yn dilyn y cyfaddefiad yr wythnos diwethaf fod pibelli gwacáu ceir yn pwmpio 3000 tunnell fetrig o blwm i aer Prydain bob blwyddyn.

Dywed llefarydd ar ran yr Adran Addysg a Gwyddoniaeth, 'Byddwn yn astudio'r adroddiad yn ofalus. Mae hwn yn gwestiwn cymhleth iawn ac angen llawer mwy o ymchwil. Nid yr Adran sy'n gyfrifol am ddewis safleoedd ysgolion. Mater i'r awdurdod addysg lleol yw hyn.'

Nid oedd neb ar gael i ymateb yn swyddfa'r Gweinidog Trafnidiaeth.

'Mae hon yn sefyllfa ddifrifol,' meddai Mr

Mae cudyll coch yn ffynnu ar y bywyd gwyllt ar ymyl traffyrdd

Nid yw pobl a cheir yn gyfuniad da

Y peiriant petrol

Mae angen petrol ac ocsigen (o'r aer) ar beiriant car cyn y gall weithio'n iawn. Wrth i'r petrol losgi, mae'n ehangu ac yn gwthio yn erbyn piston. Mae gan y peiriant o leiaf bedwar piston a silindr i gadw'r olwynion i droi'n esmwyth.

Mae petrol yn gymysgedd. Mae'n cynnwys 400 o wahanol hydrocarbonau ynghyd â meintiau bychain o gemegion eraill. Mae hydrocarbon yn gyfansoddyn sy'n cynnwys yr elfennau carbon a hydrogen yn unig. Wrth i'r rhain losgi maen nhw'n cyfuno ag ocsigen i gynhyrchu dŵr a charbon deuocsid. Yn anffodus,

nid yw'r peiriant yn cael digon o ocsigen bob amser a chaiff y nwy gwenwynig carbon monocsid ei ffurfio.

Mewn aer mae yna nitrogen ynghyd ag ocsigen. Mae'r rhain yn adweithio dan effaith gwres a gwasgedd y peiriant gan gynhyrchu ocsidau nitrogen. Mae ocsidau nitrogen yn nwyon asid, niweidiol.

Mae plwm mewn petrol hefyd. Mae hyn yn helpu'r peiriant i droi yn esmwyth. Yn anffodus, mae plwm hefyd yn beryglus i iechyd.

Gwneud ceir yn lanach

Y peiriant 'darbodus'

Mae'r math hwn o beiriant yn cymysgu llawer mwy o aer gyda'i betrol er mwyn sicrhau nad oes carbon monocsid yn cael ei gynhyrchu. Mae hefyd yn rhoi mwy o filltiroedd i'r galwyn na'r mathau hŷn o beiriant.

Petrol di-blwm

Ar y dechrau roedd petrol di-blwm yn ddrutach na phetrol plwm. Nid oedd gyrwyr ceir yn sicr a fyddai eu ceir nhw yn gallu defnyddio petrol di-blwm. Roedd angen gwneud addasiad bach i beiriant rhai ceir. Roedd rhai pobl yn dweud bod ceir yn perfformio'n llai effeithiol wrth ddefnyddio petrol di-blwm. Nid oedd hyd yn oed dynion y garej yn hollol siŵr. Mae'r sefyllfa'n llawer cliriach bellach. Rhaid i bob car sydd wedi ei gynhyrchu yng ngwledydd Prydain oddi ar mis Hydref 1990 allu defnyddio petrol di-blwm.

peiriant 'darbodus'

petrol di-blwm

Car mwy gwyrdd?

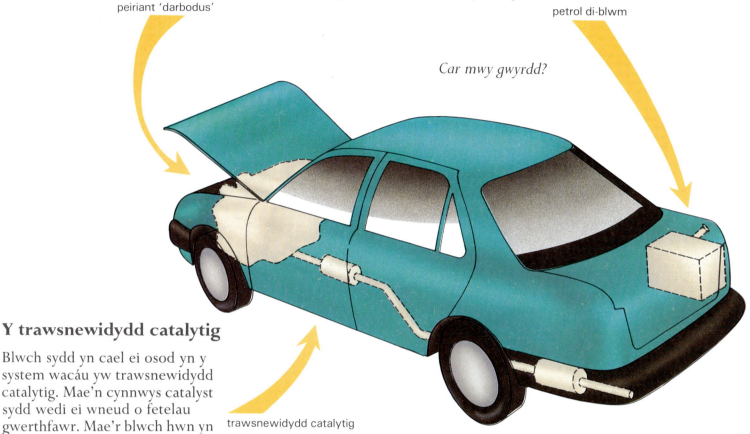

trawsnewidydd catalytig

Y trawsnewidydd catalytig

Blwch sydd yn cael ei osod yn y system wacáu yw trawsnewidydd catalytig. Mae'n cynnwys catalyst sydd wedi ei wneud o fetelau gwerthfawr. Mae'r blwch hwn yn trawsnewid yr ocsidau nitrogen peryglus yn ôl yn nwy nitrogen diniwed. Mae hefyd yn newid carbon monocsid yn garbon deuocsid. Yn ogystal, mae unrhyw hydrocarbonau sydd heb eu llosgi yn y peiriant yn cael eu trawsnewid yn garbon deuocsid a dŵr.

● Rhowch ddau reswm pam roedd gyrwyr ceir yn amharod i ddefnyddio petrol di-blwm ar y dechrau.
● Nodwch ddau beth a anogodd y gyrwyr i ddefnyddio petrol di-blwm.
● Lluniwch daflen yn disgrifio'r trawsnewidydd catalytig.

YCHWANEGIADAU

1 Sut y teithioch chi i'r ysgol heddiw? Mewn car? Mewn trên? Ar feic? Cerdded? Gwnewch restr o fanteision ac anfanteision pob dull o deithio.

2 Cynlluniwch y 'car gwyrdd' perffaith. Beth fydd yn ei yrru? Petrol ynteu drydan? A yw'n fawr ynteu'n fach? A yw'r corff wedi ei wneud o fetelau ynteu o blastig? Rhowch resymau am bob

penderfyniad. Rhestrwch effeithiau eich 'car gwyrdd' ar yr amgylchedd.

3 Sawl car ym maes parcio'r ysgol sy'n defnyddio petrol di-blwm? Gwnewch arolwg.

Byw mewn dinas

Mae wyth o bob deg o bobl gwledydd Prydain yn byw mewn dinasoedd. Pa mor dda yw eu hamgylchedd? Sut mae'n cymharu â byw yn y wlad?

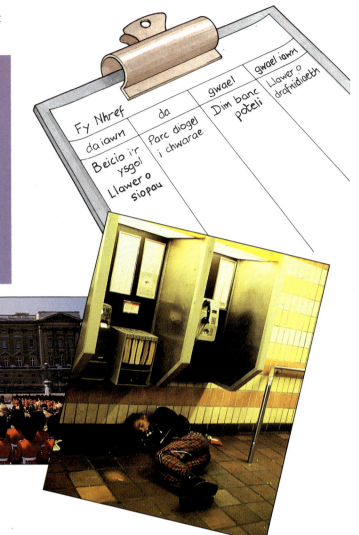

Arsylwi

- Gwnewch restr o holl fanteision ac anfanteision byw mewn dinas. Ydy'r pethau sy'n fanteision yn y ddinas yn anfanteision yn y wlad?
- Defnyddiwch eich rhestr i'ch helpu i gynllunio system sgorio ar gyfer yr amgylchedd. Dylai roi pwyntiau am bob peth sy'n dda i'r amgylchedd a thynnu pwyntiau am bob peth sy'n gwneud drwg.
  —Gofynnwch am fenthyg system rhywun arall a rhowch gynnig arni ar y ffordd adref o'r ysgol.
  —Ydy system pawb yr un fath?

Mesur ansawdd yr amgylchedd

Mae gan wahanol bobl syniadau gwahanol ynglŷn â beth sy'n bwysig. Sut y gallwch chi 'fesur' yr amgylchedd? Dyma rai syniadau.

Sŵn

Faint o sŵn sydd yn eich ardal?

1 Pa bethau sy'n achosi'r mwyaf o sŵn?
2 Cynlluniwch raddfa i asesu pa mor 'ddrwg' yw'r sŵn.

Traffig

Mae ceir yn rhan bwysig o fywyd trefol. Ond a ydyn nhw'n helpu neu'n amharu ar yr amgylchedd?

3 Sawl car neu lori sy'n mynd ar hyd eich stryd chi bob dydd?
4 Ym mha ran o'ch tref chi mae'r traffig drymaf?
5 A oes ardaloedd lle nad yw traffig yn cael ei ganiatáu?
6 A allwch chi ddarganfod cysylltiad rhwng nifer y cerbydau ar y ffordd a lefel y llwch? Neu'r sŵn?

Llwch

Gallwch ddefnyddio tâp gludiog i astudio'r llwch.

7 A oes mwy o lwch ar bethau sydd ar ymyl ffordd?
8 Sut y gallwch chi 'fesur' lefel y llwch yn eich ymchwiliadau?

110

Sbwriel

Gall pawb weld y gwahaniaeth rhwng ardal lle mae llawer o sbwriel ac ardal lle mae ychydig o sbwriel.

9 Sut y gallwch chi 'fesur' faint o sbwriel sydd mewn ardal?

10 O ble mae'r rhan fwyaf o'r sbwriel yn dod?

Graffiti

Dywed rhai fod pob graffiti yn fandaliaeth.

11 Faint o graffiti allwch chi ei ddarganfod? Ydy'r cyfan yn ddrwg?

12 Pa fathau eraill o fandaliaeth sydd yna?

13 Pa ardaloedd sy'n cael eu niweidio fwyaf?

Parciau

Mae'r rhan fwyaf o bobl yn hoffi parciau gwyrdd. Ond faint o barciau sydd eu hangen? Defnyddiwch fapiau o'ch ardal i weld faint o dir sydd wedi ei neilltuo i barciau a gerddi.

14 Cymharwch eich ardal chi ag eraill.

15 I ba bwrpas mae'r rhan fwyaf o dir y parciau yn cael ei ddefnyddio?

Cyfathrebu

Arddangos canlyniadau

Gan weithio fel dosbarth dylech allu casglu llawer o wybodaeth am eich amgylchedd yn lleol.

● Paratowch arddangosfa (ar gyfer neuadd eich ysgol neu eich llyfrgell leol) i arddangos eich darganfyddiadau.

16 Beth fyddai ymwelwyr yn hoffi ei weld?

17 Beth sydd angen ei wella? Pam?

Dewisiadau anodd

Mae anghenion y ddinas yn aml yn arwain at fygythiadau mawr i gefn gwlad. Efallai y bydd angen ardaloedd eang ar gyfer tai, cyflenwadau dŵr, ffatrïoedd, mwyngloddio, ffyrdd neu feysydd awyr.

Mae'n rhaid gwneud dewisiadau anodd wrth ddatblygu'r pethau hyn. Mae sawl dadl o'u plaid ac yn eu herbyn. Sut y gellir penderfynu?

● Defnyddiwch y daflen waith i edrych ar y dewisiadau sy'n rhaid eu gwneud cyn penderfynu ynglŷn â chloddio glo brig.

YCHWANEGIADAU

1 Dychmygwch eich bod yn gynghorydd lleol. Pa ddeddfau fyddech chi'n eu gosod ar gyfer eich ardal chi? Dewiswch dair deddf a fyddai'n cael yr effaith orau, ac eglurwch pam.

2 Ystyriwch amgylchedd eich ysgol. Dewiswch un ardal fechan sydd angen ei gwella.
● Beth sydd o'i le ar yr ardal hon?
● Sut y gellir gwella'r sefyllfa?

3 Os ydych eisoes wedi defnyddio eich system i roi sgôr i amgylchedd drefol, dewiswch le yn y wlad. Os ydych wedi ei defnyddio yn y wlad, rhowch sgôr i'r dref. Ydy'r system yn gweithio cystal ar gyfer y ddau le? Mae'n bosibl bod yn well gennych chi'r amgylchedd â'r sgôr uchaf. Sut y gallwch chi gynllunio system 'deg' nad yw'n dibynnu cymaint ar eich barn chi'n bersonol?

Y dyfodol?

Ysgol y dociau'n cau

Caeodd Ysgol Gyfun Santes Hilda ei drysau heddiw am y tro olaf. Mae'r ffaith bod lefel y môr yn codi wedi achosi llifogydd cyson ar lawr isaf yr adeilad yn hen ardal y dociau yn Llundain. Mae'r cyngor lleol wedi penderfynu ei bod yn rhatach iddyn nhw adeiladu ysgol newydd sbon ar dir uwch na cheisio cadw'r dŵr o'r adeilad presennol.

2000 o bobl Denmarc yn ddigartref

Chwalwyd amddiffynfeydd arfordir Denmarc ddoe gan gyfuniad o'r stormydd geirwon dros orllewin Ewrop a llanw uchel. Mae llawer o ddinas Esbjerg yn awr o dan ddŵr.

Dim diwedd i'r sychder yng Nghanada

Disgwylir gostyngiad pellach yng ngwerth doler Canada heddiw. Mae hyn o ganlyniad i'r cyhoeddiad yr wythnos hon fod gostyngiad sylweddol arall yng nghynnyrch gwenith Canada.

Dywedir i'r Prif Weinidog Gilbert Lecroix gyhoeddi, 'Mae economi'r wlad ar ddarfod. Mae'r newid yn y patrymau glawiad wedi dinistrio ein ffermydd.'

Yn y cyfamser gwelir bod pris cyfranddaliadau'r cwmni *Superwheat,* y cwmni grawn mwyaf yn y byd, wedi codi. Bydd y gostyngiad yn y cyflenwadau yn sicr o olygu elw uwch i'r cwmni rhyngwladol. Mae *Superwheat* yn berchen ar ardaloedd eang o dir yn ardal wenith ffrwythlonaf Gogledd Affrica.

- Trafodwch y cysylltiad rhwng pob eitem newyddion a'r syniad bod y byd yn cynhesu'n gyffredinol.
- Gan ddefnyddio'r wybodaeth ar y dudalen nesaf, ceisiwch greu rhai penawdau eich hun. Sut y byddai'r ffaith bod y byd yn cynhesu yn effeithio ar eich ysgol chi?
- Paratowch eich erthygl bapur newydd eich hun. Dylai ddangos yr hyn allai ddigwydd yn eich ardal dros yr hanner can mlynedd o 1990 i 2040. Cofiwch fod pethau sy'n digwydd ymhell i ffwrdd yn gallu effeithio arnoch chi. Os bydd y tywydd yn newid a chnydau'n methu, o ble y byddwch chi'n cael eich bwyd?

Carbon deuocsid a choedwigoedd glaw

Mae carbon deuocsid yn hanfodol i fywyd. Mae planhigion yn ei amsugno trwy eu dail ac yn ei ddefnyddio i gynhyrchu bwyd. Maen nhw'n rhyddhau ocsigen fel nwy gwastraff. Y broses yw ffotosynthesis. Mae'n cadw lefel y carbon deuocsid yn yr aer yn isel a lefel yr ocsigen yn uchel.

Mae yna stôr o blanhigion bach iawn yn arnofio yn y cefnforoedd ac mae coedwigoedd glaw y trofannau yn storfeydd enfawr o blanhigion.

Y gylchred garbon

Mae carbon yn elfen bwysig iawn. Caiff ei ailgylchynu trwy bethau byw. Mae planhigion ac anifeiliaid yn dadelfennu bwyd i gael egni a help i fyw. Mae'r broses yn defnyddio ocsigen ac yn rhyddhau carbon deuocsid. Resbiradaeth yw hyn.

1 Beth sydd wedi digwydd i dymheredd y byd dros y can mlynedd diwethaf?

2 Beth tybed fydd yn digwydd i'r tymheredd dros y ganrif nesaf?

3 A allwch chi feddwl am unrhyw broblem y bydd hyn yn ei hachosi?

4 Pa newidiadau eraill yn y tywydd allwch chi eu rhagfynegi am y can mlynedd nesaf?

5 A allwch chi ddarganfod unrhyw dystiolaeth i gefnogi'r syniad mai llygredd sy'n achosi'r newidiadau?

6 Sut mae planhigion gwyrdd yn helpu i gadw'r Ddaear yn oer?

7 Lluniwch ddiagram rhediad i ddangos cylchred carbon trwy ffotosynthesis a resbiradaeth.

8 Beth fyddai'n digwydd petai ffotosynthesis yn gweithio'n gyflymach na resbiradaeth wrth i'r tymheredd godi?

Tymheredd cyfartalog y byd er 1880

Addaswyd o *Global Climatic Change*, Houghton o Woodwell (T. C. Moore). Hawlfraint © Scientific American Inc., Ebrill 1989 ©

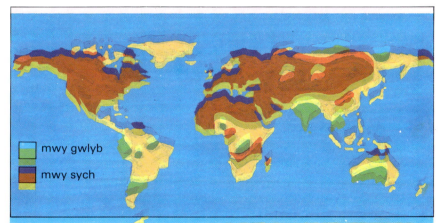

Cyfartaledd crynodiad carbon deuocsid yn yr atmosffer er 1880

Un rhagfynegiad o sut y gall yr hinsawdd newid: bydd yr ardaloedd melyn yn aros yr un fath

- mwy gwlyb
- mwy sych

YCHWANEGIADAU

1 Un dull o ostwng cynhyrchiad carbon deuocsid yw llosgi llai o danwydd ffosil. Beth yw tanwydd ffosil? Sut y gallem ni ddefnyddio llai?

2 Dychmygwch fod yr isod yn hysbyseb i raglen deledu yn y flwyddyn 2040. A allwch chi egluro beth newidiodd er mwyn atal y Ddaear rhag cynhesu?
8:15 Twyll Gwyddonwyr
13: Yr Effaith Tŷ Gwydr

Prin 50 mlynedd yn ôl roedd yna ragfynegi diwedd dynoliaeth. Beth achosodd y panig hwnnw? Gwyliwch Sianel 309 am 8:15, rhaglen olaf cyfres Dr Ffransis sy'n trafod y camarwain gwyddonol a fu yn ystod y ganrif ddiwethaf.

18·1 Esgyrn a chyhyrau

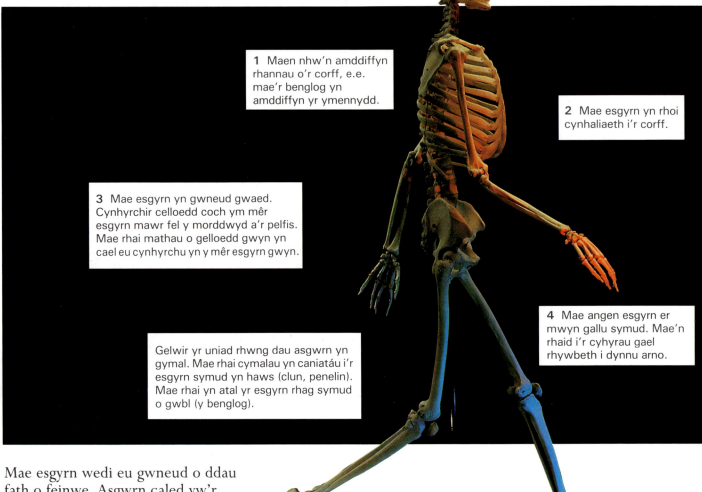

1 Maen nhw'n amddiffyn rhannau o'r corff, e.e. mae'r benglog yn amddiffyn yr ymennydd.

2 Mae esgyrn yn rhoi cynhaliaeth i'r corff.

3 Mae esgyrn yn gwneud gwaed. Cynhyrchir celloedd coch ym mêr esgyrn mawr fel y morddwyd a'r pelfis. Mae rhai mathau o gelloedd gwyn yn cael eu cynhyrchu yn y mêr esgyrn gwyn.

Gelwir yr uniad rhwng dau asgwrn yn gymal. Mae rhai cymalau yn caniatáu i'r esgyrn symud yn haws (clun, penelin). Mae rhai yn atal yr esgyrn rhag symud o gwbl (y benglog).

4 Mae angen esgyrn er mwyn gallu symud. Mae'n rhaid i'r cyhyrau gael rhywbeth i dynnu arno.

Mae esgyrn wedi eu gwneud o ddau fath o feinwe. Asgwrn caled yw'r haen allanol wydn. Mae wedi ei wneud o gymysgedd o halwynau mwynol a llinynnau gwydn o brotein.

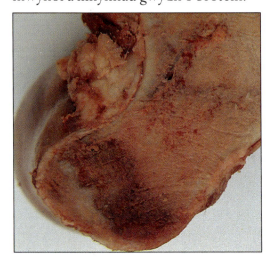

Mae esgyrn yn gau. Mae'r mêr y tu mewn yn feddal. Mae'n helpu i gynhyrchu gwaed ac mae'n cadw'r asgwrn caled yn fyw.

Torri esgyrn

Mae esgyrn yn bethau byw. Fel arfer, maen nhw'n gallu trwsio eu hunain os byddan nhw wedi torri. Bydd y meddyg yn defnyddio rhwymyn neu sblint i gadw'r darnau toredig yn eu lle.

Mae rhai pobl hŷn yn dioddef o *esgyrn brau*. Mae'r esgyrn yn gwanhau ac yn torri'n hawdd. Mae'r broblem yn llawer mwy cyffredin i fenywod na dynion. Mae meddygon yn dal i geisio darganfod beth sy'n achosi'r broblem.

ymchwilio

Ydy esgyrn yn gryf?

● Cynlluniwch a gwnewch brawf ar yr esgyrn coes ac adain oddi ar gyw iâr i weld pa un yw'r cryfaf.

Cyhyrau

Mae tua 650 o gyhyrau mewn corff dynol. Maen nhw'n pwyso tua 40% o gyfanswm pwysau'r corff.

Mae'r cyhyrau wedi eu gwneud o brotein. Gallan nhw newid yr egni cemegol sydd mewn siwgr yn egni symudiad. Pan fo hyn yn digwydd, dim ond 25% o egni'r siwgr sy'n newid yn symudiad. Mae tri chwarter ohono yn cael ei wastraffu ar ffurf gwres. Dyna pam mae pobl yn poethi a chwysu wrth ymarfer.

bwyd

chwarter yr egni yn cael ei ddefnyddio wrth symud

tri chwarter yr egni yn cael ei wastraffu wrth symud

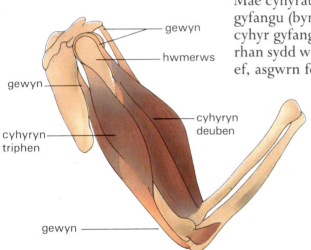

gewyn

hwmerws

gewyn

cyhyryn deuben

cyhyryn triphen

gewyn

Mae cyhyrau'n gweithio wrth gyfangu (byrhau). Wrth i'r cyhyr gyfangu, mae'n tynnu'r rhan sydd wedi ei chysylltu ag ef, asgwrn fel arfer.

Nid yw cyhyrau yn gallu gwthio, felly mae'n rhaid iddyn nhw weithio mewn parau. Mae un cyhyr yn tynnu un ffordd a'r llall yn tynnu y ffordd arall. Gelwir y parau hyn yn *gyhyrau gwrthweithiol*. Mae'r cyhyrau deuben yn codi eich braich a'r cyhyrau triphen yn ei sythu.

Yr enw ar y cysylltiadau rhwng y cyhyrau a'r esgyrn yw *gewynnau*. Os caiff gewyn ei dorri, ni ellir rheoli'r asgwrn.

Cynllunio

Codi pwysau

Mae Dafydd yn paratoi i gystadlu ar godi pwysau. Dywedodd un ffrind: 'Rhaid i ti ymarfer â phwysau trwm iawn am gyfnodau byr.' Dywedodd ffrind arall: 'Rhaid i ti ymarfer â phwysau ysgafnach ond gwneud hynny'n aml.'

● Cynlluniwch ymchwiliad i ddarganfod pa ddull yw'r gorau.

YCHWANEGIADAU

1 Gan bwy mae'r cyhyrau cryfaf? Cynlluniwch a gwnewch brawf teg ar gyfer un cyhyr (e.e. cyhyryn deuben). Ai'r bobl â chhyhyrau trwchus yw'r bobl gryfaf?

2 Adeiladwch fodel o fys. Dylai fod mewn tair rhan, fel un go iawn, ac wedi ei gysylltu â llaw artiffisial. Sawl cyhyr sydd ei angen i wneud i'r bys symud fel un go iawn? Gallwch ddefnyddio darnau o linyn neu elastig ar gyfer y cyhyrau. Teimlwch eich braich i ddarganfod ym mhle mae'r cyhyrau sy'n symud eich bysedd.

Cyfradd y galon—60 curiad y funud
Cyfradd anadlu—10 litr y funud

Cyfradd y galon—170 curiad y funud
Cyfradd anadlu—140 litr y funud

Cyfradd y galon—140 curiad y funud
Cyfradd anadlu—100 litr y funud

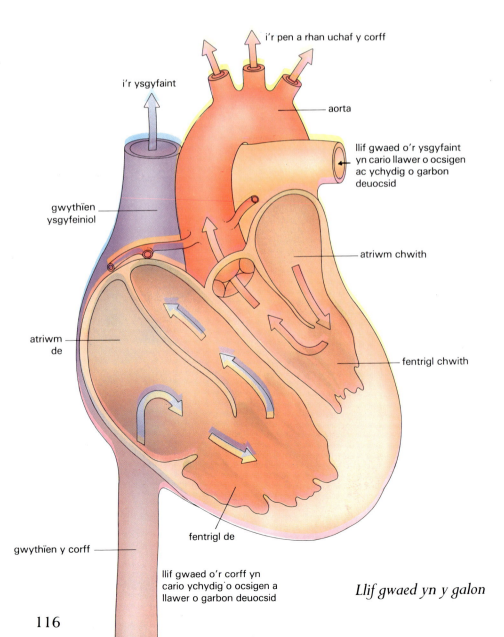

i'r pen a rhan uchaf y corff

i'r ysgyfaint

aorta

llif gwaed o'r ysgyfaint yn cario llawer o ocsigen ac ychydig o garbon deuocsid

gwythïen ysgyfeiniol

atriwm chwith

atriwm de

fentrigl chwith

fentrigl de

gwythïen y corff

llif gwaed o'r corff yn cario ychydig o ocsigen a llawer o garbon deuocsid

Llif gwaed yn y galon

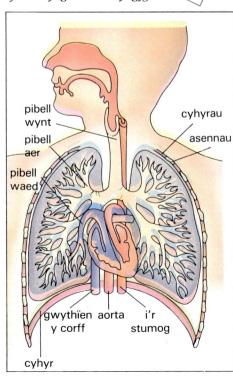

System y galon a'r ysgyfaint [T]

pibell wynt

cyhyrau

pibell aer

asennau

pibell waed

gwythïen y corff   aorta   i'r stumog

cyhyr

Anadlu

Gwaith yr ysgyfaint yw cael ocsigen i'r corff a thynnu carbon deuocsid ohono. Maen nhw'n gweithio trwy gael aer a gwaed yn agos at ei gilydd. Yn yr ysgyfaint, mae ocsigen yn mynd o'r aer i'r gwaed. Mae'r ocsigen yn toddi yn y gwaed ac yn cael ei gario o gwmpas y corff. Mae'r carbon deuocsid sy'n cael ei wneud gan y corff yn mynd i'r gwaed. Pan fo'r gwaed yn cyrraedd yr ysgyfaint, mae'r carbon deuocsid yn ymuno â'r aer sy'n mynd i gael ei anadlu allan. Yna, gall cyhyrau'r frest wthio'r hen aer hwn allan o'r corff.

Mae haen denau iawn o gelloedd yn yr ysgyfaint sy'n cadw'r gwaed a'r aer ar wahân.

Yr hyn sy'n digwydd mewn alfeolws

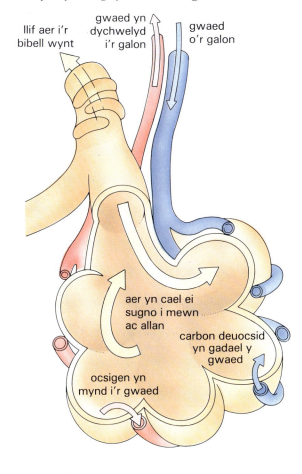

Resbiradaeth

Mae angen cyflenwad o egni ar bob peth byw. Mae anifeiliaid yn cael hwn o'u bwyd.

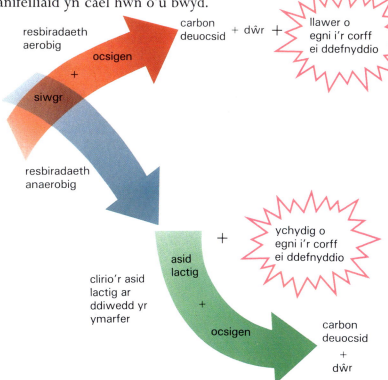

Mae resbiradaeth yn newid yr egni sydd mewn bwyd yn egni y gall y corff ei ddefnyddio. Mae'n digwydd ym mhob cell fyw yn y corff. Fel arfer, mae'r celloedd yn defnyddio ocsigen o'r gwaed i ryddhau egni o fwyd. Dyma resbiradaeth *aerobig*. Weithiau mae ar y corff angen egni mor gyflym fel na all gael digon o ocsigen o'r gwaed. Gall resbiradaeth *anaerobig* roi dogn ychwanegol o egni os bydd y resbiradaeth aerobig yn gweithio mor gyflym â phosibl. Mae hyn yn gadael gwastraff, fel asid lactig, yn y corff.

1. Sut mae'r ocsigen sydd ei angen ar gyfer resbiradaeth aerobig yn cyrraedd celloedd y droed?
2. Sut mae'r carbon deuocsid a gynhyrchir gan resbiradaeth aerobig yn gadael y corff dynol?
3. Sut mae'r bwyd sy'n angenrheidiol ar gyfer resbiradaeth yn cyrraedd holl gelloedd y corff?
4. Eglurwch pam mae cyfradd y galon a chyfradd anadlu y rhedwr ar y dudalen gyferbyn yn newid.
5. Mae'n cymryd tipyn o amser i gyfradd y galon a'r gyfradd anadlu ostwng wedi i'r rhedwr orffen. Pam?

YCHWANEGIADAU

1. Roedd sylwebydd yn y Gemau Olympaidd yn disgrifio rhedwr fel un oedd yn 'nofio mewn môr o asid lactig'.
   (a) Beth oedd ystyr hyn?
   (b) Sut y byddai hyn yn effeithio ar y rhedwr?
   (c) A fyddai rhedwr 10 000 metr yn cael yr un broblem? Eglurwch.

Ymchwilio

2. Mae rhai pobl â phroblemau anadlu yn methu chwythu'r aer o'u hysgyfaint yn dda iawn. Cynlluniwch a gwnewch ddyfais sy'n mesur pa mor galed mae rhywun yn gallu 'chwythu'. Defnyddiwch eich dyfais i ddarganfod pwy sy'n gallu chwythu galetaf. Cofiwch ystyried hylendid.

Gwaed

Mae gan oedolion dynol tua 5 litr o waed (mwy na digon i lenwi bwced) yn eu cyrff. Mae gan faban newydd-anedig tua 300 ml, neu lond cwpan.

Cynhwysion litr o waed

plasma
—dŵr yn bennaf, ond hefyd yn cynnwys:
—halwynau
—siwgr
—diferion braster
—proteinau (ar gyfer ceulo ac i amddiffyn rhag afiechydon)
—wrea a gwastraff eraill

celloedd gwyn y gwaed
—amddiffyn y corff rhag afiechydon

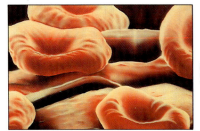

celloedd coch y gwaed
—cario ocsigen o gwmpas y corff

platennau
—gronynnau bach sy'n helpu'r gwaed i geulo

Mae gwaed fel arfer yn llifo o gwmpas y corff mewn tiwbiau. Os daw allan o'r tiwbiau, gall achosi clais. Y celloedd coch yn dadelfennu yw'r cleisio.

Rhydweli, capilari a gwythïen

Tiwbiau â waliau trwchus sy'n cario gwaed o'r galon yw rhydwelïau. Mae'n rhaid wrth waliau trwchus er mwyn gwrthsefyll pwysedd y gwaed.

Tiwbiau cul iawn sy'n rhedeg trwy bob meinwe yn y corff yw'r capilarïau. Nid oes un gell ymhellach nag 1 milimetr oddi wrth gapilari. Mae rhai o'r celloedd yn llawer nes na hyn. Mae ocsigen a bwyd yn mynd o'r gwaed i'r celloedd. Mae gwastraff, er enghraifft carbon deuocsid, yn mynd i'r gwaed.

Mae capilarïau yn uno i greu tiwbiau mwy, sef gwythiennau. Mae'r rhain yn cario'r gwaed yn ôl i'r galon. Yna mae'r galon yn trosglwyddo'r gwaed i'r ysgyfaint.

Wedi i'r gwaed lifo trwy'r ysgyfaint, mae'n dychwelyd i'r galon. Mae'n cael gwthiad arall ac yn cychwyn ar ei daith o gwmpas y corff eto.

Haemoglobin

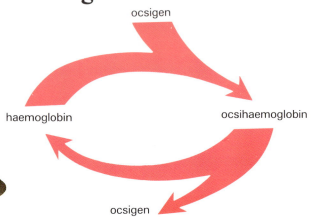

ocsigen

haemoglobin

ocsihaemoglobin

ocsigen

Y gylchred haemoglobin

1. Pa ran o'r gwaed sy'n cario ocsigen o gwmpas y corff?
2. Ym mhle mae bwyd yn cael ei lwytho i'r gwaed?
3. Faint o'r gwaed sy'n gelloedd coch?
4. Pa rannau o'r gwaed sy'n cael eu defnyddio i greu crachen?
5. Mae anaemia yn afiechyd lle nad yw'r celloedd coch yn gweithio'n iawn. Beth fydd effaith hyn ar y corff?
6. Pan fo rhywun yn sâl, mae nifer y celloedd gwyn yn cynyddu. Pam mae hyn yn ddefnyddiol i'r corff?

Cemegyn yng nghelloedd coch y gwaed yw *haemoglobin*. Mae'n amsugno ocsigen pan fo llawer o ocsigen yn bresennol. Mae hyn yn digwydd yn yr ysgyfaint. Caiff yr haemoglobin ei newid yn *ocsihaemoglobin*.
Defnyddir ocsigen gan gelloedd mewn resbiradaeth. Mae hyn yn gostwng lefel yr ocsigen ac mae'r ocsihaemoglobin yn dadelfennu i roi ocsigen i'r celloedd.

Y perfeddyn

Mewn sawl rhan o wal y perfeddyn mae celloedd arbennig sy'n cynhyrchu *ensymau*. Mae'r ensymau hyn yn helpu i ddadelfennu'r molecylau mawr o fwyd a'u newid yn folecylau bach.

Chwarennau yn leinin y stumog. Mae'r rhain yn rhyddhau suddion treulio.

Mae dwy dasg gan y perfeddyn:
— dadelfennu bwyd er mwyn iddo gael ei amsugno i'r corff,
— helpu'r molecylau bwyd i fynd i'r gwaed fel eu bod yn cael eu cario o gwmpas y corff.

Mae'r ddwy dasg yn cael eu cyflawni wrth i'r bwyd lifo ar hyd y perfeddyn.

Llun microsgop electron yn dangos arwynebedd mawr y filysau

Mae arwynebedd y coluddyn bach wedi ei orchuddio â siapiau bysedd a elwir yn *filysau*. Mae'r filysau yn rhoi arwynebedd mawr iawn i'r perfeddyn. Mae hyn yn rhoi mwy o gyfle i'r molecylau bwyd fynd i'r gwaed.

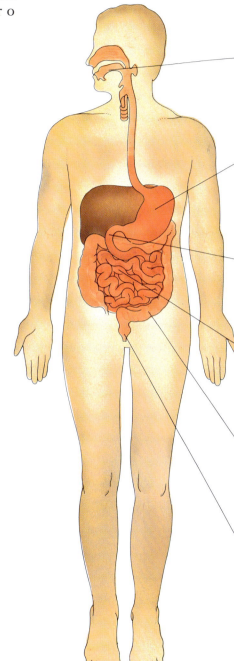

Ceg
Mae dannedd yn cnoi talpiau mawr o fwyd yn ddarnau bach. Mae ensymau yn y poer yn dadelfennu'r molecylau starts yn folecylau siwgr llai.

Stumog
Mae asid yn y stumog yn lladd germau ac yn helpu i ddadelfennu bwydydd sy'n cynnwys llawer o brotein.

Dwodenwm
Mae bustl o'r iau/afu yn helpu i niwtralu asid o'r stumog. Mae ensymau o'r cefndedyn yn dadelfennu proteinau, starts a braster.

Coluddyn bach
Mae treuliad yn parhau. Mae'r rhan fwyaf o'r molecylau mawr yn cael eu trawsnewid yn folecylau bach. Gall y rhain lifo trwy wal y perfeddyn i'r gwaed.

Coluddyn mawr
Mae treuliad wedi gorffen. Mae dŵr yn cael ei amsugno i wneud y gwastraff yn fwy solid. Mae rhai bacteria sy'n byw yma yn cynhyrchu fitaminau y gellir eu hamsugno.

Rectwm
Gwastraff yn cael ei storio hyd nes y gellir ei ollwng allan o'r corff.

Y system dreulio

119

18·4 Llygaid a chlustiau

Mewn llygaid normal, mae'r *lens* a'r *cornbilen* yn ffocysu delwedd glir ar y *retina*.

Golwg hir

Weithiau nid yw'r lens a'r cornbilen yn ddigon cryf i blygu'r golau i ffocws ar y retina. Caiff y ddelwedd ei ffurfio y tu ôl i'r retina. Dywedwn fod y person yn dioddef o olwg hir. Ni all weld yn glir y pethau sy'n agos at y llygaid ond gall ffocysu pethau pell. Gellir cywiro golwg hir â lens amgrwm.

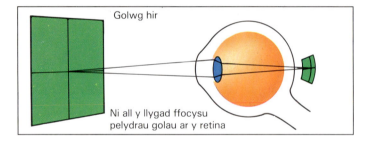

Golwg hir

Ni all y llygad ffocysu pelydrau golau ar y retina

Golwg byr

Weithiau mae'r cornbilen a'r lens yn rhy gryf. Maen nhw'n dod â'r ddelwedd i ffocws o flaen y retina. Mae'r person hwn yn dioddef o olwg byr. Ni all weld pethau pell yn glir, ond gall ffocysu pethau sy'n agos at y llygaid. Gellir cywiro golwg byr â lens ceugrwm.

▼ *Cywiro golwg hir*

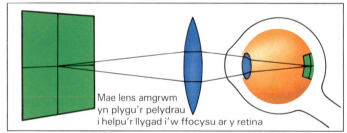

Mae lens amgrwm yn plygu'r pelydrau i helpu'r llygad i'w ffocysu ar y retina

Astigmatedd

Os nad yw siâp cornbilen a lens y llygad yn normal, gall astigmatedd ddigwydd. Ni all y person ffocysu ar wahanol rannau o olygfa ar yr un pryd. Gellir cywiro hyn â lens arbennig.

Ymchwilio

Prawf llygaid

- Cynlluniwch brofion llygaid ar gyfer golwg hir a golwg byr. Dylai'r profion weithio â phlant bach sy'n methu darllen. Fyddan nhw ddim yn adnabod llythrennau'r wyddor.
- Gwnewch y profion ar aelodau'r dosbarth.
- **1** Ydyn nhw'n rhoi'r un canlyniadau â phrawf llygaid normal?

Y clyw

Patrwm o symudiadau tonnau yn yr aer yw sain.

1 Mae'r tonnau'n gwthio yn erbyn pilen y glust ac yn gwneud iddi symud i mewn ac allan.
2 Caiff patrwm y symudiadau ei drosglwyddo ar hyd esgyrn y glust ganol. Effaith hyn yw mwyhau grym y tonnau a'u hanfon i hylif yn y cochlea.
3 Mae'r cochlea yn llawn hylif. Mae'r hylif yn fwy anodd i'w symud nag aer. Dyna pam mae esgyrn yn mwyhau grym y tonnau gwreiddiol.
4 Mae celloedd arbennig yn y cochlea sy'n symud gyda thonnau'r hylif. Mae hyn yn debyg i'r ffordd mae stribedi o wymon yn symud yn y môr wrth i don lifo drostyn nhw.
5 Mae'r celloedd arbennig yn anfon ysgogiadau nerfol i'r ymennydd. Mae'r ymennydd yn dadgodio'r negeseuon a byddwn yn eu clywed fel seiniau.

Gall y glust ddynol ganfod sain 1000 gwaith tawelach na sibrydiad. Mae llawer o anifeiliaid hyd yn oed yn fwy sensitif i sain. Y clustiau sydd hefyd yn gyfrifol am gydbwysedd y corff. Gwyddwn ble mae 'i fyny' ac 'i lawr' oherwydd y celloedd synhwyro yn y glust ganol.

Plentyn bach yn gwisgo cymhorthyn clyw

Problemau clyw

Mae rhai cymhorthion clyw yn gweithio trwy fwyhau'r sain cyn iddo fynd i'r glust. Gall cymhorthion clyw helpu i ddatrys rhai problemau ym mhilen neu esgyrn y glust. Pan fo'r glust fewnol neu'r nerf wedi ei niweidio, nid yw cymhorthion clyw yn gallu helpu rhyw lawer.

Mae *clust ludiog* yn digwydd pan fo mwcws yn casglu y tu mewn i'r glust ganol. Mae'r mwcws yn tueddu i leihau symudiad esgyrn y glust. Y driniaeth arferol yw moddion i glirio'r mwcws. Yn yr achosion gwaethaf rhoddir tiwbiau bach, *gromedau*, trwy bilen y glust. Mae'r rhain yn draenio'r mwcws.

Mae *pigyn clust* yn gyffredin mewn plant. Gall fod yn boenus iawn ond gellir ei wella yn weddol hawdd â gwrthfiotigau. Mae'r cyffuriau hyn yn lladd y bacteria sy'n achosi'r haint.

YCHWANEGIADAU

1 Trwmpedau clust oedd y cymhorthion clust cyntaf. Mae trwmped yn debyg i dwmffat mawr sy'n cyfeirio'r seiniau i'r glust. Ceisiwch greu trwmped clust. Pa fath sy'n gweithio orau: un hir cul yntau un byr llydan?

2 Yn aml, mae isdeitlau ar ffilmiau pan ddangosir nhw ar y teledu. Darganfyddwch y dull gorau o ddangos isdeitlau ar y sgrîn.
(a) A ddylen nhw fod mewn gwyn ar gefndir du, mewn ysgrifen ddu ar y llun normal, neu rhyw system arall?
(b) Ym mhle y dylen nhw fod ar y sgrîn?
(c) Faint o eiriau mae pobl yn gallu eu darllen ar unwaith?
Er mwyn profi hyn, defnyddiwch luniau o gylchgronau, a negeseuon wedi eu teipio a'u torri (neu defnyddiwch gyfrifiadur a recordydd fideo).

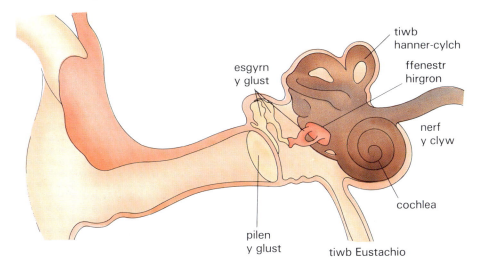

esgyrn y glust

pilen y glust

tiwb hanner-cylch

ffenestr hirgron

nerf y clyw

cochlea

tiwb Eustachio

Bydd clyw pobl hŷn yn aml yn gwaethygu. Y rheswm weithiau yw bod y cymalau rhwng esgyrn y glust ganol yn anhyblyg. Dydyn nhw ddim yn gallu symud mor hawdd â'r rhai mewn pobl iau. Dydy'r dirgryniadau ddim yn cael eu trosglwyddo cystal. Does dim modd gwella hyn. Mae'n rhaid i bobl eraill siarad yn uwch a bod yn amyneddgar!

18·5 Nerfau

Styd Morus

Daeth y glaw yn sydyn. Fflachiodd y mellt ac, eiliad yn ddiweddarach, sŵn taranau. Roedd Styd newydd godi ei goler cyn i'r dafnau cyntaf ddisgyn ar ei wyneb. Rhegodd dan ei wynt.

Roedd y ddynes yn arwydd o drwbl, gwyddai hynny, ond... wel, roedd hi'n ddel. Roedd bob amser wedi cael trafferth anwybyddu dynes mewn trwbl. Ond tybed a ddylai fod wedi gwrthod yr achos yma?

Stopiodd car yn ei ymyl. Dechreuodd amau. Roedd rhywbeth o'i le.

Ymddangosodd baril gwn o'r ffenestr ôl. Taflodd ei hun ar unwaith i'r llawr cyn clywed sŵn y gwn yn tanio. Roedd pobl o'i gwmpas yn sgrechian ac yn rhedeg i bob cyfeiriad. Estynnodd am ei wn ei hun a rholiodd y tu ôl i bostyn lamp. Roedd yn deimlad braf gwybod bod metel solid rhyngddo a'i ymosodwyr. Taniodd y gwn eto. Mwy o sgrechian a'r tro hwn cafodd stondin cŵn poeth y tu ôl iddo ei tharo.

Llwyddodd i saethu un waith. Roedd yn ddyn lwcus. Ffrwydrodd y car yn bêl o fflamau ac roedd arogl mwg du yn cyfuno ag arogl y cŵn poeth yn awyr y nos.

Aeth pum munud heibio cyn i'r plismon gyrraedd a chwythu ei chwiban. Roedd Styd wrthi'n cynhesu ei hun wrth weddillion y car. Roedd y glaw wedi stopio a'i got yn dechrau sychu. 'Gallai pethau fod yn llawer gwaeth' meddyliodd.

'Mr Morus...' Y ddynes yna eto, allan o wynt. Roedd hi wedi bod yn rhedeg. 'Mae'n rhaid i mi eich rhybuddio - rydych mewn perygl mawr! Rhaid i chi adael y dref ar unwaith!'

'Felly wir' atebodd Styd gan dynnu wyneb wrth flasu mwg rwber llosg yn ei geg. 'Nawr dywedwch pam mae'r criw yna ar fy ôl i. Ygwir, cofiwch. A pham dw i'n cael y teimlad eich bod chi'n arwydd o drwbl?'

Symbyliad yw rhywbeth mae Styd yn sylwi arno. Gall fod yn arogl, yn sŵn, yn flas neu'n fflach o olau.
Canfodydd yw'r organ synhwyro mae Styd yn ei defnyddio i ganfod y symbyliad. Ei lygad yw canfodydd fflach o olau.
Yr *ymateb* yw'r hyn mae Styd yn ei wneud. Bydd yn rhedeg i ffwrdd neu'n crychu ei drwyn efallai.
Effeithydd yw'r rhan o'r corff sy'n caniatáu i Styd wneud hyn. Y cyhyrau yw'r effeithyddion mwyaf cyffredin mewn pobl.

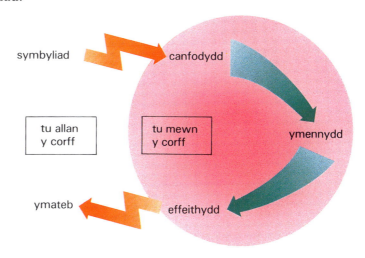

Cyfathrebu

Symbyliad ac ymateb

- Ar gyfer pob un o'r lluniau, nodwch:
  —y symbyliad a gafodd Styd,
  —y canfodydd a ddefnyddiodd Styd,
  —ymateb Styd,
  —yr effeithydd a ddefnyddiodd.

Mae ein holl ymatebion yn cael eu rheoli gan system o nerfau. Gelwir yr ymennydd a madruddyn y cefn yn system nerfol ganolog. Mae nerfau eraill yn ymestyn trwy'r corff. Maen nhw'n cario negeseuon i mewn ac allan o'r system nerfol ganolog.

Mae'r ymennydd yn cynnwys tua 14 miliwn miliwn o gelloedd ac mae ganddo fàs o tua 1.5 kilogram. Mae'n ymddangos fel jeli llwyd-binc. ⬜T

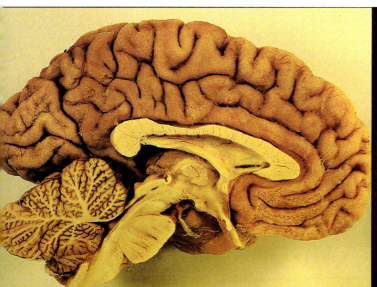
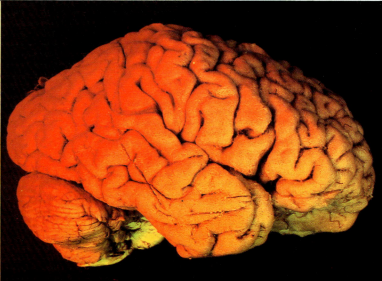

Ymennydd person

YCHWANEGIADAU

1 Weithiau caiff yr ymennydd ei ddrysu. Mae rhithiau optegol yn anodd i'r ymennydd eu dehongli. ⬜T Edrychwch ar wahanol rithiau.
(a) A allwch chi egluro pam mae'r ymennydd wedi ei ddrysu?
(b) Ceisiwch greu rhithiau eich hun.

2 Mae'r tabl yn dangos maint cyrff ac ymennydd anifeiliaid.
(a) A oes gan anifail mawr ymennydd mawr?
(b) A oes gan anifail mwy deallus ymennydd mwy?
Darganfyddwch ddull da o arddangos y wybodaeth a'ch atebion.

Màs	Person	Simpansi	Eliffant	Morfil glas
corff (kg)	70	50	5550	90 800
ymennydd (kg)	1.5	0.6	5.4	5.2

123

18·6 Gwryw a benyw

Pan gaiff babanod eu geni, mae'r gwrywod a'r benywod yn ymddangos yn debyg i'w gilydd. Wrth iddyn nhw dyfu, gwelir newidiadau. Mae'r newidiadau'n amlwg yn ystod blaenlencyndod wrth i blant ddatblygu'n oedolion.

Bachgen neu ferch?

Gwrywod

Yn ystod blaenlencyndod mae'r chwarren bitwidol, ger gwaelod yr ymennydd, yn dechrau rhyddhau cemegyn i'r gwaed. Mae hyn yn gwneud i'r ceilliau ddechrau cynhyrchu sberm ac yn rhyddhau cemegion eraill sy'n achosi nifer o newidiadau tyfiant. Yn y gwryw mae'r canlynol yn digwydd:
—y corff yn tyfu a blew yn tyfu ar yr wyneb,
—y llais yn dyfnhau,
—y penis a'r ceilliau yn tyfu,
—y corff yn tyfu ac yn dod yn fwy cyhyrog.

Gelwir y cemegion sy'n cael eu rhyddhau i'r gwaed yn *hormonau*. Mae'r holl newidiadau sy'n digwydd wrth i'r corff dyfu yn cael eu rheoli gan yr hormonau hyn. Caiff rhai eu cynhyrchu gan yr ymennydd ac eraill gan y ceilliau.

Mewn rhai diwylliannau mae'r newidiadau hyn yn cael eu cofnodi gan seremonïau arbennig sy'n nodi'r newid o fod yn fachgen i fod yn ddyn.

Poenau tyfu

Gall y cynnydd yn lefelau'r hormonau gael effeithiau eraill ac nid yw pob un ohonyn nhw yn hawdd i'w deall.

Gall y croen fynd yn fwy seimlyd. Mae *acne* yn fwy cyffredin mewn pobl ifanc yn eu harddegau nag mewn pobl eraill. Mae bechgyn yn dioddef yn waeth na merched. Yr unig ffordd i'w wella yw digon o ddŵr a sebon hyd nes i'r hormonau setlo eto.

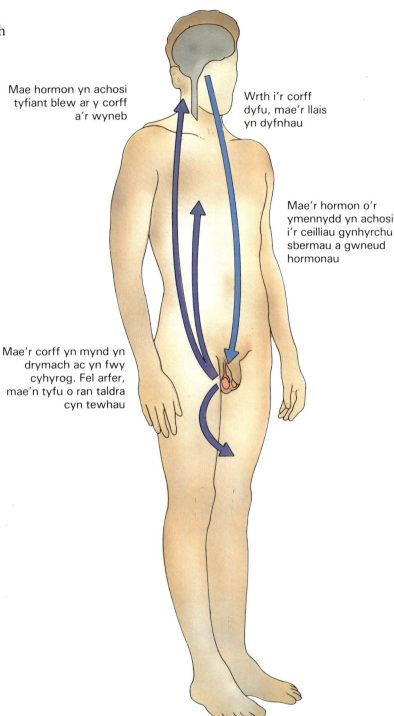

Mae hormon yn achosi tyfiant blew ar y corff a'r wyneb

Wrth i'r corff dyfu, mae'r llais yn dyfnhau

Mae'r hormon o'r ymennydd yn achosi i'r ceilliau gynhyrchu sbermau a gwneud hormonau

Mae'r corff yn mynd yn drymach ac yn fwy cyhyrog. Fel arfer, mae'n tyfu o ran taldra cyn tewhau

Mae'r corff yn tyfu'n dalach yn gyflym iawn. Fe sylwch fod llawer o fechgyn yn eu harddegau yn tueddu i fod yn denau a heglog. Mae'r corff yn cymryd llawer mwy o amser i dewhau. Efallai na fydd bechgyn yn cyrraedd eu maint llawn nes eu hugeiniau cynnar. Mae merched yn aeddfedu'n gorfforol yn eu harddegau hwyr.

Gall cyfnod y blaenlencyndod fod yn gyfnod astrus iawn. Fodd bynnag, fel arfer, dim ond dros dro mae'r problemau tyfu hyn. Erbyn ugain oed, maen nhw'n tueddu i fod wedi diflannu.

Benywod

Mae system atgenhedlu'r fenyw yn llawer mwy cymhleth nag un y gwryw. Mae ganddi ddwy dasg:
—cynhyrchu wyau,
—amddiffyn unrhyw wyau ffrwythlon hyd yr enedigaeth.

Mae benywod hefyd yn cynhyrchu llaeth i fwydo'r baban ar ôl yr enedigaeth. Mae'r holl dasgau hyn yn cael eu rheoli gan hormonau.

Yn ystod blaenlencyndod, mae chwarren arbennig ger gwaelod yr ymennydd yn dechrau rhyddhau hormon. Mae hyn yn gwneud i'r ofarïau ddechrau cynhyrchu hormonau sy'n creu nifer o newidiadau tyfiant. Yn y fenyw, mae'r canlynol yn digwydd:
—y bronnau yn tyfu,
—y groth a'r ofarïau'n datblygu,
—yr ofarïau yn dechrau rhyddhau wyau,
—blew yn tyfu ar y corff,
—ffurf y corff yn datblygu'n fwy crwn.

Mae stôr o wyau yn yr ofarïau; caiff un o'r rhain ei ryddhau bob mis, fel arfer. Mae'r amseru yn dibynnu ar batrwm cymhleth yr hormonau. Mae'r rhain yn sicrhau bod y groth yn barod i gynnal baban os bydd wy wedi ei ffrwythloni.

Os caiff yr wy ei ffrwythloni, mae'r hormonau yn atal mwy o wyau rhag cael eu rhyddhau hyd ddiwedd y beichiogrwydd. Os na chaiff yr wy ei ffrwythloni, mae wal y groth yn dadelfennu. Mae'n cael ei rhyddhau o'r corff gydag ychydig o waed. Gelwir hyn yn *fisglwyf*. Y tro nesaf y caiff wy ei ryddhau, mae wal y groth yn cael ei ffurfio eto.

Mae'r patrwm hwn yn ailadrodd ei hun nes cyrraedd oedran newid bywyd (*menopause*). Yn ystod y *menopause* mae patrwm yr hormonau'n newid. Nid oes rhagor o wyau'n cael eu rhyddhau o'r ofarïau ac ni all y fenyw gael mwy o blant.

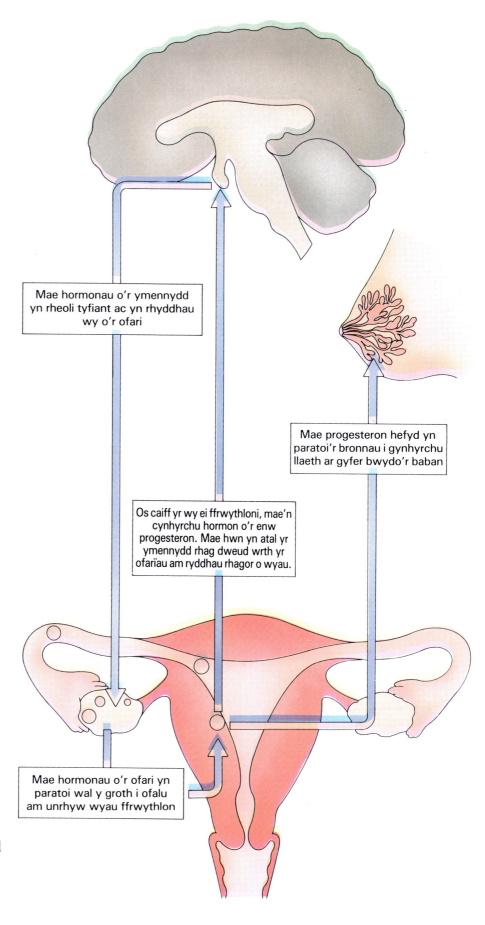

Mae hormonau o'r ymennydd yn rheoli tyfiant ac yn rhyddhau wy o'r ofari

Mae progesteron hefyd yn paratoi'r bronnau i gynhyrchu llaeth ar gyfer bwydo'r baban

Os caiff yr wy ei ffrwythloni, mae'n cynhyrchu hormon o'r enw progesteron. Mae hwn yn atal yr ymennydd rhag dweud wrth yr ofarïau am ryddhau rhagor o wyau.

Mae hormonau o'r ofari yn paratoi wal y groth i ofalu am unrhyw wyau ffrwythlon

19 Y GOFOD

19·1 Y Ddaear

Nid oes yr un blaned arall yng Nghysawd yr Haul yn debyg i'r Ddaear. Mae dŵr yn gorchuddio'r rhan fwyaf o'i harwyneb. O'r gofod, mae hyn yn gwneud iddi ymddangos yn las. Mae'r atmosffer o nitrogen ac ocsigen hefyd yn anghyffredin. Cafodd yr ocsigen ei greu gan blanhigion gwyrdd dros filiynau o flynyddoedd. Mae'r planhigion hyn hefyd yn helpu i gadw lefel y carbon deuocsid yn isel. Hyn sy'n cadw'r blaned rhag poethi. Mae pethau byw yn dibynnu ar yr amgylchiadau rhyfedd hyn. Maen nhw hefyd yn helpu i'w cynnal trwy resbiradaeth a ffotosynthesis.

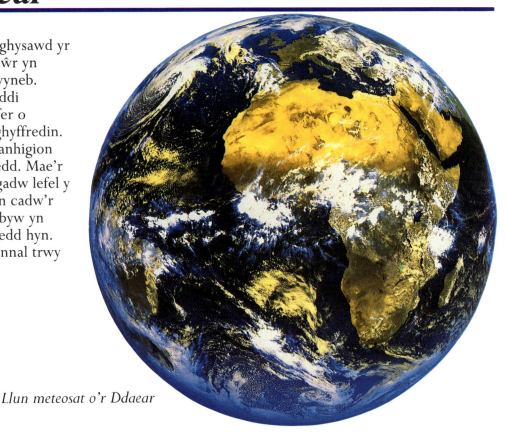

Llun meteosat o'r Ddaear

Dinas	Lledred	Ongl yr Haul ar 21 Meh.	Oriau golau dydd ar 21 Meh.	Tymheredd cyfartalog ar 21 Meh.	Ongl yr Haul ar 21 Rhag.	Oriau golau dydd ar 21 Rhag.	Tymheredd cyfartalog ar 21 Rhag.	Prif fathau o lystyfiant
Reykjavik, Gwlad yr Iâ	64°10′ N	49°20′	23	8°C	2°20′	4	3°C	twndra ac anialwch rhew
Glasgow, Yr Alban	53°30′ N	57°38′	18	18°C	10°41′	7	5°C	coedwigoedd dail llydan
Montreal, Canada	45°42′ N	67°48′	16	11°C	20°48′	8	−5°C	coedwigoedd conwydd
Lagos, Nigeria	6°20′ N	72°14′	11	28°C	60°10′	11	28°C	coedwigoedd glaw
Singapore, De Ddn Asia	1°00′ N	67°30′	10	27°C	65°30′	11	24°C	coedwigoedd glaw
Perth, Awstralia	32°00′ S	34°30′	9	12°C	81°30′	13	21°C	coedwigoedd bytholwyrdd
Buenos Aires, Yr Ariannin	34°50′ S	31°40′	8	10°C	79°00′	14	22°C	glaswellt

126

Egni o'r Haul

Mae pob bywyd ar y Ddaear yn dibynnu ar egni o'r Haul. Tri pheth sy'n effeithio ar yr egni mae unrhyw ran o'r Ddaear yn ei dderbyn:
—lleoliad,
—amser o'r dydd,
—tymor y flwyddyn.

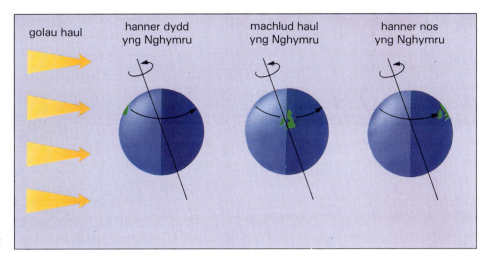

Dydd a nos

golau haul

hanner dydd yng Nghymru

machlud haul yng Nghymru

hanner nos yng Nghymru

Haf a gaeaf

Gaeaf

Haf

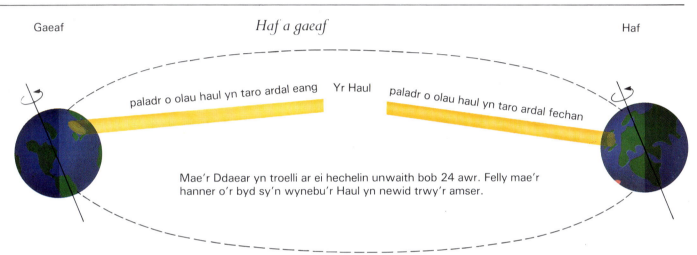

Yr Haul

paladr o olau haul yn taro ardal eang

paladr o olau haul yn taro ardal fechan

Mae'r Ddaear yn troelli ar ei hechelin unwaith bob 24 awr. Felly mae'r hanner o'r byd sy'n wynebu'r Haul yn newid trwy'r amser.

Canlyniad gogwydd y Ddaear yw'r tymhorau. Oherwydd y gogwydd mae gwahanol rannau o'r Ddaear yn wynebu'r Haul yn ystod y flwyddyn. Mae hyn yn cael dwy effaith:
—mae uchder yr Haul yn yr awyr ganol dydd yn newid,
—mae hyd y diwrnod yn newid.

Yn yr haf, mae golau haul wedi ei daenu dros ardal fechan o'r Ddaear. Mae'r Haul yn uchel yn yr awyr ac mae'r cysgodion yn fyr. Mae'r tir yn cynhesu'n gyflymach gan fod mwy o egni golau haul yn cael ei ganolbwyntio ar ardal fechan.

1 Beth yw'r tymheredd cyfartalog yn Reykjavik ar 21 Rhagfyr?

2 Pa ddinasoedd sydd â'r amrediad mwyaf o dymheredd yn ystod y flwyddyn?

3 Pa ddinasoedd sydd â thymheredd is na 15°C yn yr haf?

4 'Mae tymheredd cyfartalog dinas yn cael ei reoli gan ei lledred.'
—O'r tabl, rhowch dystiolaeth sy'n cefnogi'r syniad hwn.

—O'r tabl, rhowch dystiolaeth nad yw'n cefnogi'r syniad hwn.

5 Pa gysylltiad sydd rhwng lledred dinas ac oriau ei golau dydd ar 21 Mehefin?

6 Safle sy'n cael ei gysylltu ag addoli'r Haul yw Côr y Cewri. Pa mor uchel fydd yr Haul yn yr awyr ar Ddydd Gŵyl Ifan, sef 21 Mehefin? Lledred Côr y Cewri yw 51°10'G.

YCHWANEGIADAU

1 Cynlluniwch a gwnewch ddyfais i fesur ongl yr Haul yn yr awyr. Peidiwch byth ag edrych yn uniongyrchol ar yr Haul!

2 Mae rhai adeiladau modern yn defnyddio'r newid yn uchder yr Haul yn yr awyr. Mae ffenestri ynddyn nhw sy'n caniatáu i olau Haul gwan y gaeaf dreiddio trwyddyn nhw ond sy'n atal Haul poeth yr haf rhag treiddio. Felly, mae'r adeilad yn cynhesu yn y gaeaf ond yn cadw'n oer yn yr haf. Meddyliwch am ddull o gynllunio'r math hwn o adeilad.

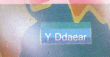

19·2 Lloerennau

Y Ddaear	Orbit *Sputnik* 1	1 cm = 3000 km	orbit
	Orbit *Sputnik* 1	1 cm = 3000 km	orbit lloeren lloeren gyfathrebu gyfathrebu nodweddiadol nodweddiadol

Mae lloerennau'n cylchdroi o gwmpas y Ddaear uwch ben yr atmosffer. Gweddillion llongau gofod a anfonwyd yno flynyddoedd yn ôl yw rhai o'r lloerennau lleiaf. Gallai rhai fod yn ddim mwy na sgriw neu nyten oddi ar long ofod. Mae'r rhan fwyaf o loerennau yn fwy defnyddiol na hynny. Defnyddir nhw ar gyfer adroddiadau tywydd, cyfathrebu ac ymchwil wyddonol. Gelwir llwybr lloeren o gwmpas y Ddaear yn orbit.

1 Beth yw lloeren fwyaf y Ddaear?

Lansiwyd y lloeren gyntaf gan y Rwsiaid ym 1957. *Sputnik 1* oedd hon ac roedd ganddi fàs o 84 kg, tua'r un faint ag oedolyn mawr. Roedd màs y roced a gododd y lloeren hon i orbit yn 500 tunnell fetrig.

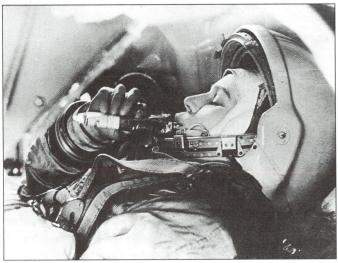

Valentina Tereshkova

Syrthiodd *Sputnik* yn ôl i'r Ddaear mewn 92 diwrnod. Roedd yn mynd trwy ran uchaf yr atmosffer unwaith yn ystod pob orbit. Roedd ffrithiant aer yn ei harafu ac felly ar ôl pob cylchdro roedd yn teithio'n arafach ac yn is. O'r diwedd, syrthiodd y lloeren fechan tuag at y Ddaear, ond ni chyrhaeddodd. Llosgodd ar ei ffordd i lawr oherwydd ffrithiant yr atmosffer.

Valentina Tereshkova oedd y ferch gyntaf yn y gofod. Hi oedd peilot *Vostok 6* a lansiwyd ar 16 Mehefin 1963. Gofynnodd am gael ei hyfforddi fel cosmonot yn dilyn taith Yuri Gagarin ym 1961. Yn wahanol i'r rhan fwyaf o'r dynion nid oedd hi wedi ei hyfforddi'n beilot. Arferai weithio mewn melin decstiliau ac roedd wedi dechrau parasiwtio fel hobi.

Roedd sôn yn America nad oedd hi wedi mwynhau ei thaith ofod ond na chafodd ddod i lawr hyd nes iddi gwblhau 48 orbit. Roedd y prif weinidog, Kruschev, am guro'r Americanwyr yn y ras ofod. Yn swyddogol, roedd y daith yn llwyddiant mawr.

● Dychmygwch mai chi oedd Valentina Tereshkova. Disgrifiwch eich teimladau:
(**a**) wrth fynd i'r gofod,
(**b**) yn y gofod,
(**c**) wrth ddod yn ôl i'r Ddaear.

2 Ydych chi'n meddwl bod y gofodwyr eraill wedi teimlo yr un fath? Sut y byddech chi'n teimlo?

Systemau lansio

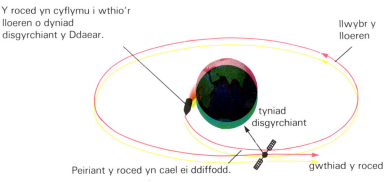

Y roced yn cyflymu i wthio'r lloeren o dyniad disgyrchiant y Ddaear.

llwybr y lloeren

tyniad disgyrchiant

Peiriant y roced yn cael ei ddiffodd.

Mae'r gwthiad gan y roced a thyniad disgyrchiant yn cydbwyso ei gilydd.

gwthiad y roced

Mae lansio lloeren yn defnyddio llawer iawn o egni. Rhaid i'r roced wthio yn erbyn grym disgyrchiant. Po uchaf yw'r orbit i fod, mwyaf yw'r amser y mae angen i beiriant y roced weithio. Unwaith mae'r lloeren wedi cyrraedd yr orbit cywir, gellir diffodd y peiriant. Os bydd y lloeren yn uwch nag atmosffer y Ddaear, ni fydd unrhyw wrthiant aer i'w harafu. Bydd y lloeren yn aros yn yr un orbit gan deithio ar yr un buanedd. Os bydd rhywbeth yn ei harafu, bydd disgyrchiant yn ei thynnu yn ôl i'r Ddaear.

128

Lluniau lloeren

Mae lloerennau wedi tynnu miliynau o luniau arwyneb y Ddaear. Defnyddir y rhain ar gyfer ymchwil wyddonol, ysbïo, rhagolygon tywydd, chwilio am adnoddau, creu mapiau, a hyd yn oed chwilio am y twll yn yr haen osôn. Mae'r enghreifftiau isod yn dangos gwahanol fathau o ddelweddau. Beth welwch chi ym mhob un? I beth y gallech eu defnyddio?

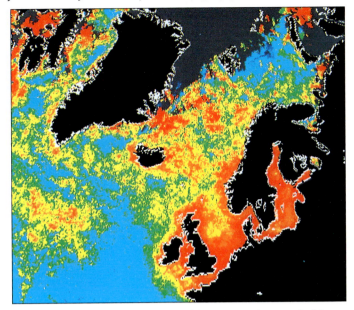

▲ Mae'r lliwiau yn y ddelwedd hon yn dangos lefelau bywyd planhigol microsgopig (ffytoplancton) yng Ngogledd Iwerydd. Coch yw'r uchaf, yna oren, melyn, gwyrdd, glas, a'r isaf yw fioled. Mae'r tir yn ddu.

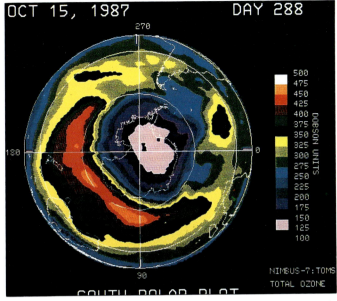

▲ 'Twll' osôn dros yr Antarctig (15 Hydref 1987). Mae'r lliwiau'n cynrychioli lefel yr osôn yn yr atmosffer. Pinc yw'r isaf, yna glas tywyll, glas golau, melyn, coch, a'r uchaf yw oren.

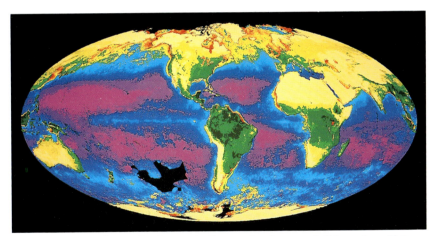

▲ Planhigion dros y byd. Mae'r lliwiau'n dangos lefelau cloroffyl (cemegyn ym mhob planhigyn gwyrdd). Ar y tir, mae'r gwyrdd tywyll yn fwy dwys a'r melyn yn llai dwys. Yn y cefnforoedd, coch yw'r dwysaf, yna melyn, glas, a'r lleiaf dwys yw pinc.

Mae lloerennau tywydd neu ysbïo fel arfer mewn orbit isel. Weithiau, gallwch eu gweld yn symud ar draws awyr y nos fel smotiau bach o olau. Mae lloerennau mewn orbit uchel yn anweledig hyd yn oed â deulygadion. Mae nifer mewn orbit o gwmpas y Ddaear ar yr un buanedd â'r Ddaear, gan wneud un orbit mewn 24 awr. Gelwir y rhain yn lloerennau geosefydlog. Maen nhw'n aros uwchben yr un lle ar y Ddaear trwy'r amser ac fe'u defnyddir ar gyfer cyfathrebu. Mae negeseuon radio, teledu a theleffon yn cael eu hanfon o gwmpas y byd gan loerennau.

3 Pam mae angen orbit isel ar gyfer lloerennau tywydd ac ysbïo?

4 Pam mae angen orbit uchel ar gyfer lloerennau cyfathrebu?

YCHWANEGIADAU

1 Beth fyddai eu hangen i gadw pum person yn fyw ac yn iach ar y daith bell i blaned Mawrth (tua pedair blynedd)?
—Gwnewch restr o'r pethau y byddai'n rhaid i'r llong ofod eu gwneud.
—A allwch chi feddwl sut i wneud y pethau hyn?

2 Mae anfon pobl ac offer i'r gofod yn ddrud iawn. Cost project Apollo i roi dyn ar y Lleuad oedd £250 biliwn.
—Beth yw'r manteision a ddaeth o'r gwariant hwn?
—Sut y byddech chi wedi gwario'r arian?

Lloeren y Ddaear yw'r Lleuad. Mae mewn orbit o gwmpas y Ddaear tua 400 000 kilometr uwchben yr arwyneb. Ffurfiwyd y Lleuad ar yr un pryd â'r Ddaear, tua 4.6 biliwn o flynyddoedd yn ôl. Nid oes ganddi atmosffer ac felly ni all gynnal bywyd.

Y gwrthrych harddaf yn awyr y nos

Y crater Erastosthenes, diamedr 61 km

Cysgod y Ddaear ar y Lleuad yn ystod eclips rhannol o'r Lleuad

Golau'r Lleuad

Mae'n cymryd tua 27 diwrnod i'r Lleuad gwblhau ei horbit o gwmpas y Ddaear. Mae'n cymryd yn union yr un faint o amser i droelli ar ei hechelin (27 diwrnod). Felly, wrth i'r Lleuad fynd o gwmpas y Ddaear, mae'r un ochr yn ein hwynebu bob amser.

Mae arwyneb y Lleuad yn adlewyrchu tua 7% o'r golau haul sy'n disgyn arno. Dim ond tua chwarter disgleirdeb cannwyll 1 metr oddi wrthych yw'r Lleuad lawn ddisgleiriaf.

Eclips

Weithiau mae'r Lleuad yn symud yn union rhwng y Ddaear a'r Haul. Bryd hynny mae'r Lleuad yn atal rhywfaint o olau'r Haul rhag cyrraedd y Ddaear. Dyma eclips yr Haul.

Yn awr, edrychwch ar y diagram ar frig y dudalen nesaf. Wrth i'r Ddaear symud rhwng yr Haul a'r Lleuad, mae eclips y Lleuad yn digwydd. Bryd hynny mae'r Ddaear yn atal golau'r Haul rhag cyrraedd arwyneb y Lleuad.

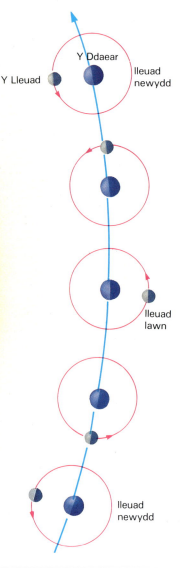

Y Ddaear
Y Lleuad
lleuad newydd

lleuad lawn

lleuad newydd

Eclips y Lleuad

Cysgod y Ddaear yn symud dros arwyneb y Lleuad

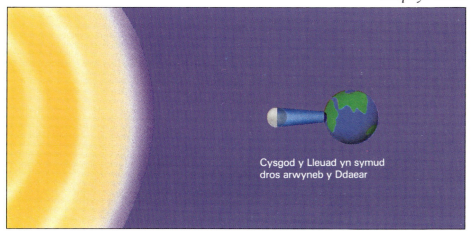

Eclips yr Haul

Cysgod y Lleuad yn symud dros arwyneb y Ddaear

Llanw a thrai

Mae'r Lleuad yn achosi llanw a thrai wrth iddi atynnu dŵr y cefnforoedd. Mae'r Haul hefyd yn effeithio ar y llanw. Wrth i'r Haul a'r Lleuad weithredu gyda'i gilydd, mae'r newidiadau yn y llanw yn llawer mwy. Llanw mawr yw'r enw ar hyn.

Mae effaith yr Haul ar y llanw yr un fath trwy'r flwyddyn. Mae effaith y Lleuad yn newid wrth i leoliad y Lleuad newid.

1 Beth sy'n cadw'r Lleuad mewn orbit o gwmpas y Ddaear?

2 Beth sy'n atal y Lleuad rhag taro yn erbyn y Ddaear?

3 Ai yr un wyneb i'r Ddaear y byddai gofodwr yn ei weld bob amser wrth edrych ar y Ddaear oddi ar wyneb y Lleuad? Eglurwch eich ateb.

4 Pam mae'r Lleuad yn cuddio'r Haul er bod yr Haul yn llawer mwy? Tynnwch fraslun i egluro hyn.

5 Dychmygwch eich bod yn ofodwr ar y Lleuad. Beth fyddech chi'n ei weld yn ystod:
—eclips yr Haul,
—eclips y Lleuad?

6 Pa un sy'n effeithio fwyaf ar y llanw—yr Haul neu'r Lleuad? Eglurwch eich ateb.

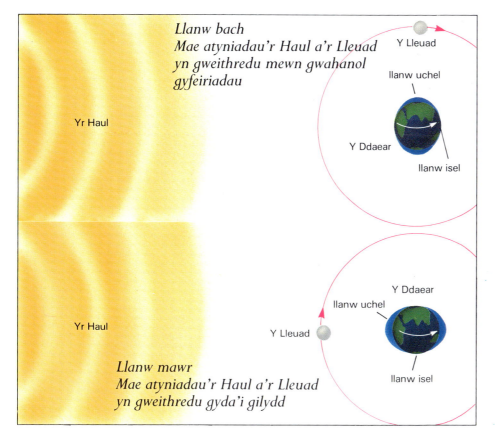

Llanw bach
Mae atyniadau'r Haul a'r Lleuad yn gweithredu mewn gwahanol gyfeiriadau

Y Lleuad
llanw uchel
Yr Haul
Y Ddaear
llanw isel

Llanw mawr
Mae atyniadau'r Haul a'r Lleuad yn gweithredu gyda'i gilydd

Y Ddaear
llanw uchel
Y Lleuad
Yr Haul
llanw isel

YCHWANEGIADAU

1 Mae pobl wedi cerdded ar y Lleuad, er bod yr amgylchedd yno yn elyniaethus iawn.
—Sut mae'r amgylchedd yn elyniaethus?
—Beth sy'n rhaid i siwt y gofodwr ei wneud?
—Cynlluniwch siwt gofodwr. Defnyddiwch labeli i egluro ei nodweddion.
—Sut mae eich siwt gofodwr chi yn wahanol i'r un a fyddai deifiwr môr dwfn yn ei gwisgo?

2 Mae arwyneb y Lleuad wedi ei orchuddio gan graterau sêr gwib. Pam mai ychydig iawn o graterau sêr gwib sydd ar y Ddaear?

Ymchwilio

3 Cynlluniwch a gwnewch ymchwiliad i ddarganfod beth sy'n rheoli maint a siâp crater. Gallwch ddefnyddio marblis fel sêr gwib a thywod fel arwyneb y Lleuad.

1 cm = 300 miliwn km

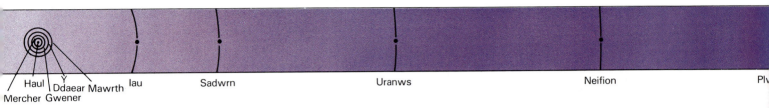

Haul | Y | Mawrth | Iau | Sadwrn | Uranws | Neifion | Plw
Mercher | Ddaear | Gwener

Planed	Pellter o'r Haul (miliwn km)	Diamedr (km)	Màs (Y Ddaear = 1)	Nifer y lleuadau	Disgyrch-iant (Y Ddaear = 1)	Dwysedd (Dŵr = 1)	Tymheredd cyfartalog yr arwyneb (°C)	Amser i droelli ar ei hechelin	Amser i gylchdroi o gwmpas yr Haul (blynydd-oedd)
Mercher	58	4968	0.05	0	0.4	5.4	510	1416 awr	0.24
Gwener	108	12 200	0.8	0	0.9	5.3	480	5832 awr	0.62
Y Ddaear	150	12 757	1.0	1	1.0	5.5	15	24 awr	1.00
Mawrth	228	6800	0.1	2	0.4	4.0	−50	24 awr 37 mun	1.88
Iau	779	143 600	318	15	2.6	1.3	−250	9 awr 56 mun	11.86
Sadwrn	1427	121 000	95	17	1.2	0.7	−180	10 awr 20 mun	29.46
Uranws	2670	47 000	15	5	1.0	1.6	−200	10 awr 50 mun	84.0
Neifion	4496	44 600	17	2	1.41	2.2	−220	15 awr 50 mun	164.8
Plwto	5906	3000	0.06	1	?	4.5	−240	154 awr	247.7

Defnyddiwch y tabl i ateb y cwestiynau hyn.

1 Pa blaned sydd â'r diwrnod hiraf?

2 Pa blaned sy'n cymryd yr amser lleiaf i deithio o gwmpas yr Haul?

3 'Po bellaf yw'r planedau o'r Haul, oeraf ydyn nhw.' Ydy hyn yn wir?

4 A oes cysylltiad rhwng yr amser mae planed yn ei gymryd i droelli ar ei hechelin a'r amser mae hi'n ei gymryd i fynd o gwmpas yr Haul?

5 Nid yw màs 1 kg yn pwyso cymaint ar blaned Mawrth ag ar y Ddaear. Pam? Beth sy'n achosi'r gwahaniaeth?

6 Ar y Ddaear mae màs 1 kg yn pwyso 10 N. Defnyddiwch y tabl i ddarganfod beth fyddai ei bwysau ar blaned Mawrth.

7 Ar ba blaned y byddai màs 1 kg drymaf?

● Gwnewch fodel wrth raddfa o Gysawd yr Haul.
—Lluniwch gylch i ddangos maint pob planed. Sicrhewch eu bod i gyd ar yr un raddfa.
—Rhowch y planedau ar y bwrdd yn eu safle cywir.
—Mae diamedr yr Haul yn 110 gwaith diamedr y Ddaear. Darganfyddwch pa mor fawr y byddai'n rhaid i chi wneud cylch yr Haul. Defnyddiwch gyfrifiannell i'ch helpu.
—Mae'r seren agosaf at y Ddaear 40 500 000 miliwn kilometr i ffwrdd. Darganfyddwch pa mor bell o'r Ddaear y bydd hon yn eich model wrth raddfa.

● Gwnewch gronfa ddata cyfrifiadur o blanedau Cysawd yr Haul. Bydd yn rhan o arddangosfa mewn amgueddfa leol. Gwnewch hi'n ddiddorol ac yn hawdd i'w defnyddio.

Mercher

Mercher yw'r blaned agosaf at yr Haul. 510°C yw tymheredd arwyneb yr ochr sy'n cael ei goleuo gan yr Haul, digon poeth i blwm ymdoddi. Ar yr ochr sy'n cael ei chysgodi rhag golau'r Haul mae'r tymheredd yn gostwng i −210°C. Ar y tymheredd hwn byddai ocsigen yn hylif a nitrogen yn solid. Mae rhai clogwyni ar yr arwyneb yn 2 km o uchder a 16 500 km o hyd.

Cafodd nifer o luniau eu cyfuno i roi'r llun manwl hwn o blaned Mercher, a welwyd gan Mariner 10 ym 1974.

Gwener

Gwener yw'r blaned agosaf at y Ddaear. Carbon deuocsid yw ei hatmosffer. Mae hwn yn dal gwres yr Haul ac yn cadw tymheredd yr arwyneb ar tua 482°C. Mae cymylau o asidau sylffwrig yn cylchynu'r blaned ar fuanedd hyd at 350 km yr awr. Dangosodd lluniau o'r llong ofod *Pioneer NASA* losgfynydd a oedd yn fwy nag unrhyw un ar y Ddaear, a mynydd uwch nag Everest.

Yn y llun radar, lliwiau ffug, o blaned Gwener (yr uchaf ar y dde) mae glas yn cynrychioli gwastadeddau. Y gwyrdd a'r melyn yw'r mynyddoedd.

Llun o arwyneb Gwener wedi ei dynnu gan y prôb Rwsiaidd, Venera 13, ym 1982

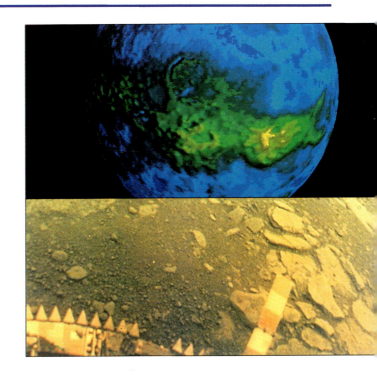

Mawrth

Nid ydym yn sicr eto a oes bywyd ar Fawrth. Nid oedd arbrofion a wnaed gan y prôb a laniodd yno ym 1975 yn rhoi ateb clir. Mae gan Fawrth atmosffer tenau o garbon deuocsid yn bennaf. Mae tymheredd yr arwyneb yn amrywio rhwng −21°C a −124°C. Ychydig o ddŵr sydd ar Fawrth ac mae hwnnw fel rheol wedi rhewi o dan y tir. Mae'n debyg mai carbon deuocsid solid yw'r rhew gwyn a welir mewn lluniau. Mae'r siapiau rhyfedd a welir yn anialwch creigiog, coch y blaned yn awgrymu bod afonydd mawr wedi bod yno ar un adeg. Nid oes neb yn sicr eto a yw hyn yn wir. Os yw hyn yn wir, i ble'r aeth y dŵr?

◀ *Mawrth. Sylwch ar y capiau rhew ar y pegynau. Mae'r rhew yn gymysgedd o ddŵr a charbon deuocsid wedi rhewi.*

▲ *Y llun lliw cyntaf o arwyneb Mawrth (Viking 1 ym 1976)*

Iau

Iau yw'r blaned fwyaf yng Nghysawd yr Haul. Mae'r atmosffer wedi ei wneud o gymylau o amonia wedi rhewi a dŵr wedi ei gymysgu â llawer o nwyon eraill. Mae canol y blaned yn fôr o hylif hydrogen a heliwm ar dymheredd o tua −250°C. Mae'r blaned enfawr hon yn troelli'n gyflym iawn a 9 awr 55 munud yw hyd ei diwrnod. Gan fod Iau yn rhyddhau gwres gallai hyn godi tymheredd un o'i lleuadau i'r fath raddau fel ei bod yn gallu cynnal bywyd. Mae system o gylchoedd gwan wedi ei chanfod o gwmpas y blaned. Mae'r cylchoedd hyn fel y rhai o gwmpas Sadwrn ond maen nhw'n llawer gwannach ac yn fwy anodd i'w gweld.

Llun cyfansawdd o Iau a phedwar o'i lleuadau ▶

Sadwrn

Cylchoedd Sadwrn yw'r peth amlycaf ynglŷn â'r blaned. Darnau o graig a llwch yw'r cylchoedd ac yn aml iawn maen nhw wedi eu gorchuddio â rhew. Rhwng 3 a 5 metr yw diamedr y creigiau, ond mae'r cylchoedd yn cynnwys gronynnau llai hefyd, ddim llawer mwy na smotiau o lwch. Galileo oedd y cyntaf yn Ewrop i weld cylchoedd Sadwrn. Dywedodd fod y blaned yn ymddangos fel petai ganddi glustiau.

Mae'r rhan fwyaf o'r blaned ei hun yn gefnforoedd o hylif hydrogen.

▲ *Sadwrn a thri o'i lleuadau. Y lleuadau yw'r dotiau bach ar waelod y llun*

Llun manwl o gylchoedd Sadwrn wedi ei dynnu gan Voyager bedwar miliwn kilometr i ffwrdd

Uranws

Dyma'r drydedd fwyaf o blanedau Cysawd yr Haul. Cawr o nwy yw hon, yn gefnforoedd o hylif hydrogen a heliwm. Tybir bod y rhain yn 9600 km o ddyfnder, gyda hydrogen a heliwm solid yn y gwaelodion. Ar ben yr haen gymylau, mae gwyntoedd 700 km/awr yn gwthio cymylau ar −200°C o gwmpas y blaned. Mae ganddi system o gylchoedd gwan.

Uranws y tu ôl i'w lleuad, Miranda

Neifion

Mae Neifion yn debyg iawn i Uranws. Mae'n gawr o nwy. O dan y cymylau nwy mae cefnforoedd o hylif hydrogen a heliwm sy'n symud yn gyflym. Mae ychydig o fethan wedi ei ganfod ar y blaned, ac mae cylch gwan o'i chwmpas.

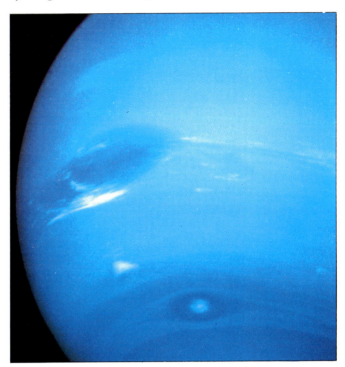

Llun o Neifion wedi ei dynnu gan Voyager

Plwto

Plwto yw'r blaned leiaf yng Nghysawd yr Haul. Mae tua yr un maint â'r Lleuad. Yn wahanol i'r Lleuad mae wedi ei gorchuddio â chramen o fethan solid. Mae'n bosibl bod tymheredd yr arwyneb yn is na −180°C. Ychydig a wyddom am Blwto ar hyn o bryd. Gwyddom fod ganddi o leiaf un lleuad fach. Galwyd hon yn Charon. Mae'n bosibl bod yna ragor.

Syniad arlunydd o Blwto a'i lleuad Charon ▶

YCHWANEGIADAU

1 Dychmygwch fod planed o'r enw Fwlcan yr ochr draw i'r Haul, yn union gyferbyn â'r Ddaear. Mae gan y blaned ddychmygol yr un orbit â'r Ddaear. Sut y gallech ddarganfod a yw'r blaned hon yn bod? Pa dystiolaeth y gallwch ei chasglu?

2 (a) Pa blaned yng Nghysawd yr Haul yw'r un fwyaf tebyg i'r Ddaear? Rhowch resymau am eich dewis.
(b) Pa broblemau fyddai'n rhaid i bobl eu datrys cyn gallu byw ar y blaned honno?

Peidiwch byth ag edrych yn uniongyrchol ar yr Haul.

Yr Haul

Seren felen o faint canolig yw'r Haul, 150 miliwn km oddi wrthym. Mae'n darparu'r egni ar gyfer yr holl bethau byw ar y Ddaear. Mae'r egni'n dod o ymasiad niwclear. Mae atomau hydrogen yn gwneud atomau heliwm ar dymheredd a gwasgedd uchel iawn, gan ryddhau llawer o egni.

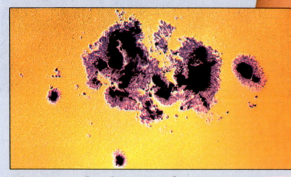

Clwster o frychau Haul

Brychau Haul

Brychau Haul

Yn aml gallwn weld ardaloedd tywyllach ar arwyneb yr Haul. Gelwir y rhain yn frychau Haul. Gwelodd seryddwr o China y rhain dros 1300 mlynedd yn ôl. Roedd gwyddonwyr Ewrop wedi eu hanwybyddu. Roedden nhw'n meddwl bod yr Haul yn rhan o'r nefoedd ac felly'n berffaith. Roedd y brychau Haul yn ymddangos fel staenau ar wyneb y nefoedd. Maen nhw fel pe'n cael eu creu pan fo'r Haul fwyaf actif.

Fflamau Haul

Dim ond yn ystod eclips neu â chamera arbennig sy'n atal rhan ganolog lachar yr Haul y gallwn ni weld y fflamau hyn. Maen nhw'n saethu i'r gofod heb rybudd ac yn rhyddhau pelydrau X cryf. Gall hyn weithiau amharu ar donnau radio ar y Ddaear.

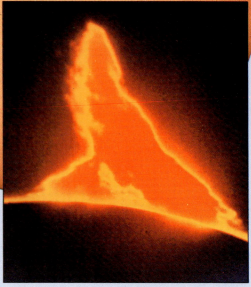

Llun fflamau Haul wedi ei dynnu trwy atal y golau disglair a ddaw o ddisgen yr Haul

Y sêr

Ffynonellau egni yw'r sêr; maen nhw'n cynhyrchu eu golau eu hunain. Heblaw am ein Haul ni, y seren agosaf yw *Alpha Centauri* sydd tua 41 miliwn miliwn kilometr i ffwrdd. Mae golau'r seren yn cymryd 4.3 blynedd i'n cyrraedd. Mae golau'r Haul yn cymryd ychydig dros 8 munud.

Mae'r rhan fwyaf o'r sêr mor bell i ffwrdd fel nad yw'n bosibl dweud a ydyn nhw'n symud ai peidio. Fodd bynnag, os byddwch yn tynnu llun ar noson glir ac yn gadael caead y camera yn agored am amser maith, bydd y sêr yn ymddangos fel llinellau (gweler y llun uchaf ar y dudalen nesaf). Achosir hyn gan symudiad y Ddaear. Mae un seren, Seren y Gogledd, yn ymddangos fel petai'n llonydd. Pam mae hyn yn ddefnyddiol ar gyfer morwyr ac ati?

Llun llwybrau sêr a dynnwyd trwy amlygu'r ffilm am awr. Mae Seren y Gogledd yng nghanol y cylchoedd.

- Dychmygwch eich bod am lunio map wrth raddfa o'r holl sêr. Dewiswch raddfa lle mae *Alpha Centauri* 5 cm o'r Haul. Byddai'r alaeth agosaf atom 100 kilometr i ffwrdd ar y raddfa hon. Byddai ymyl y bydysawd a welwn ni 500 miliwn kilometr i ffwrdd—tua thair gwaith y pellter i'r Haul.

Cytser Orion

Mapio'r sêr

Mae'r sêr wedi eu henwi a'u grwpio mewn cytserau. Rhoddodd y Groegiaid enwau i'r cytserau hyn. Ychwanegodd seryddwyr Arabia fwy o enwau rhwng 800 OC a 1000 OC.

Roedd pobl yn arfer meddwl bod y sêr yn cael effaith ar y dyfodol. Y gred oedd mai ffurfiau wedi eu rhoi yn yr awyr i ofalu am fabanod a anwyd ar amser arbennig oedd y cytserau. Mae'n siŵr eich bod yn gwybod eich arwydd seryddol chi eich hun.

Galaethau

Mae'r rhan fwyaf o'r sêr y gallwn ni eu gweld heb delesgop yn perthyn i'n galaeth ni, Y Llwybr Llaethog. Grŵp o 100 000 miliwn o sêr yw hwn. Ein cymydog agosaf yw galaeth Andromeda sy'n 2 filiwn miliwn miliwn kilometr i ffwrdd. Mae llawer o alaethau yn y bydysawd. Hyd yn hyn, ni wyddom sawl un. Mae'r seren bellaf y gallwn ni ei gweld tua 10 000 miliwn miliwn miliwn kilometr i ffwrdd.

Galaeth Andromeda. Mae'n cymryd tua 170 000 blynedd i olau deithio ar draws yr alaeth a thua 2.2 miliwn blynedd i gyrraedd y Ddaear. Heddiw, gwelwn Andromeda fel ag yr oedd yn amser y bobl gyntaf ar y Ddaear.

YCHWANEGIADAU

1 Ydy astroleg yn wyddor ddefnyddiol ynteu tric yw'r cyfan? Cynlluniwch ymchwiliad i gael gweld. Sut y gallwch chi fod yn siŵr bod eich ymchwiliad yn hollol deg?

2 Pam mae'n amhosibl gweld sêr yn ystod y dydd?

3 Cynlluniwch daflunydd ar gyfer planedariwm. Dylai hwn daflu delwedd o'r alaeth Orion ar nenfwd (eich ystafell wely efallai). Gallwch ddefnyddio tun tyllog â golau y tu mewn iddo. Gwnewch yn siŵr bod eich cynlluniau'n rhai diogel. Beth allai fod yn beryglus?

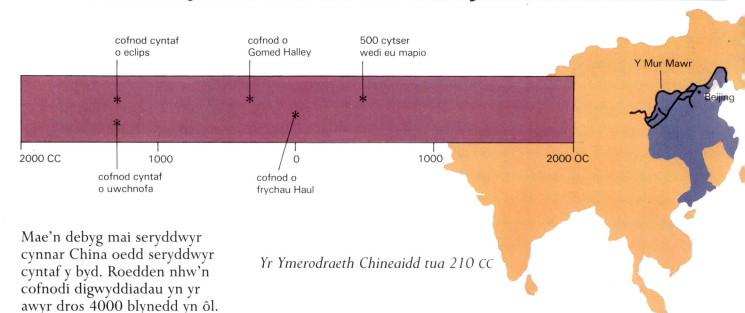

cofnod cyntaf o eclips

cofnod o Gomed Halley

500 cytser wedi eu mapio

Y Mur Mawr

Beijing

2000 CC   1000   0   1000   2000 OC

cofnod cyntaf o uwchnofa

cofnod o frychau Haul

Yr Ymerodraeth Chineaidd tua 210 CC

Mae'n debyg mai seryddwyr cynnar China oedd seryddwyr cyntaf y byd. Roedden nhw'n cofnodi digwyddiadau yn yr awyr dros 4000 blynedd yn ôl.

Yn Ewrop, cofnodwyd brychau Haul yn gyntaf gan Galileo ym 1610. Roedd Tycho Brahe a Kepler wedi cofnodi uwchnofau ym 1572 a 1604. Sêr yn ffrwydro yw uwchnofau. Maen nhw'n llachar iawn am gyfnod byr ac yna'n pylu. Erbyn i'r Chineaid gofnodi 400 cytser, dim ond rhyw 50 oedd wedi eu nodi gan yr Ewropeaid.

Eclipsau:	Wedi eu cofnodi ers 3300 o flynyddoedd.
Mapiau sêr:	Dros 400 cytser wedi eu mapio a'u henwi erbyn 500 OC.
Comedau:	Cofnodwyd gyntaf 2500 o flynyddoedd yn ôl. Comed Halley wedi ei gofnodi'n rheolaidd er 239 CC.
Uwchnofau:	Cofnodwyd, mae'n debyg, ers 3300 o flynyddoedd. Ym 1054 OC nodwyd golau hardd iawn. Mae'n debyg mai hwn oedd ffrwydrad yr uwchnofa a ffurfiodd nifwl y Cranc.
Sêr gwib:	Cofnodwyd heidiau o'r rhain dros 2700 o flynyddoedd yn ôl.
Brychau Haul:	Cofnodwyd 2000 o flynyddoedd yn ôl.

Offer mesur

Nid oedd gan y Chineaid delesgopau. Roedden nhw'n arsylwi â'r llygad yn unig. Newidiadau yn yr awyr oedd yn bwysig iddyn nhw. Roedden nhw'n mesur lleoliad ac ongl yr Haul â deialau haul a ffyn cysgod.

Mae angen clociau da ar seryddwyr. Datblygodd y Chineaid ddau fath o gloc—un ar gyfer cyfnodau byr ac un ar gyfer cyfnodau hirach.

Roedd clociau hylosgi yn blatiau gwastad o fetel neu grochenwaith. Ar y plât roedd rhych a byddai hwn yn cael ei lenwi â defnydd i'w losgi. Ar ôl ei gynnau, roedd y fflam yn symud ar hyd y rhych fel ffiws. Wrth iddi fynd heibio pwyntiau arbennig, byddai'r amser yn cael ei nodi.

Defnyddiwyd hefyd linellau o arogldarth a oedd yn llosgi'n araf. Roedd gwahanol fathau o arogldarth yn rhyddhau gwahanol arogl wrth losgi. Felly, roedd newid yn yr amser yn cael ei nodi gan wahanol arogleuon.

Cloc hylosgi Chineaidd

Defnyddiwyd cloc dŵr i fesur cyfnodau hirach o amser. Mae'r llun yn dangos cloc dŵr o tua 1090 OC. Cynlluniwyd hwn gan ddyn o'r enw Su Sung. Roedd yn bwysig oherwydd bod ganddo rhyw fath o ataliad. Cyn hwn, defnyddiai pob cloc symudiad llyfn i nodi treigl amser.

Mae ataliad yn caniatáu i fecanwaith y cloc symud ymlaen mewn cyfres o ysgytiadau. Mae saib yn dilyn pob symudiad cyflym, byr. Mae hwn yn cadw'r cloc yn llawer mwy cywir na symudiad llyfn. Heddiw, mae pob cloc yn defnyddio ataliad. Er enghraifft, mae'r bys eiliadau yn symud ymlaen yn sydyn ac yna'n aros am eiliad. Yna mae'n symud yn sydyn i'r safle nesaf.

Mae'r diagram yn dangos system ataliad cloc Su Sung.

● Ysgrifennwch baragraff byr i egluro sut mae ataliad cloc yn gweithio.

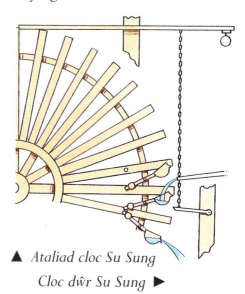

▲ *Ataliad cloc Su Sung*

Cloc dŵr Su Sung ▶

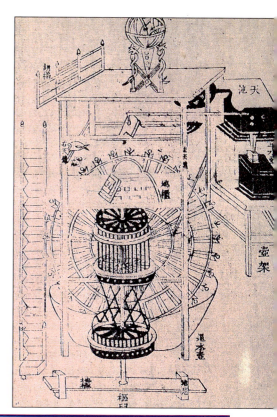

Model o'r bydysawd

Nid oedd y Chineaid yn poeni a oedd y Ddaear yn mynd o gwmpas yr Haul neu'r Haul o gwmpas y Ddaear. Roedden nhw'n credu bod y Ddaear yn wastad gydag awyr ar ffurf cromen uwch ei phen. Roedd y sêr yn hofran mewn gofod gwag. Roedd hyn yn hollol wahanol i syniad pobl Ewrop o Ddaear gron a deg awyr wahanol uwch ei phen, a phlanedau a sêr wedi eu glynu wrth yr awyr.

Pwrpas seryddiaeth

Roedd seryddwyr China yn cofnodi safleoedd yr Haul, y Lleuad, a'r sêr, ac yn defnyddio'r cofnodion i ragfynegi digwyddiadau'r dyfodol. Dyma brif bwrpas seryddiaeth y Chineaid. Doedden nhw ddim yn gweld bod angen darganfod deddfau i egluro sut roedd y planedau yn symud ar draws yr awyr na chwaith a oedd yr Haul yn mynd o gwmpas y Ddaear. Eu cred nhw oedd bod y ffurfiau nefolaidd wedi eu creu er budd pobl ac yn arbennig i helpu'r Ymerawdwr. Mab y Nefoedd oedd yr enw arno a'i waith oedd sicrhau bod pob peth yn yr ymerodraeth yn cydweithio'n iawn. Roedd y planedau a'r sêr yno i'w helpu. Roedd yn rhaid dilyn eu 'cyngor'.

Syniad y Chineaid cynnar o'r bydysawd

YCHWANEGIADAU

1 Pa bryd y gwnaeth y Chineaid ddarganfod uwchnofau? Sawl blwyddyn ar ôl y Chineaid y gwnaeth Galileo ddarganfod brychau Haul?

2 Gwnewch gloc dŵr a phrofwch ei gywirdeb. Pa mor gywir y gallwch chi fesur munud? pum munud?

3 Roedd y Chineaid cynnar yn flaengar iawn yn eu syniadau am y sêr. Roedden nhw'n llai blaengar na phobl y Gorllewin yn eu syniadau am y Ddaear. Roedden nhw'n meddwl bod y Ddaear yn wastad yn hytrach na'n grwn. Pa resymau y gallwch eu darganfod i egluro hyn?

19·8 *Seryddiaeth: Groeg hynafol*

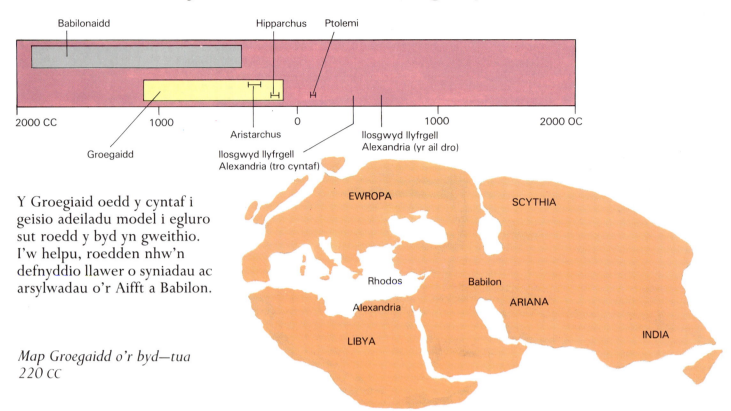

Map Groegaidd o'r byd—tua 220 CC

Y Groegiaid oedd y cyntaf i geisio adeiladu model i egluro sut roedd y byd yn gweithio. I'w helpu, roedden nhw'n defnyddio llawer o syniadau ac arsylwadau o'r Aifft a Babilon.

Aristarchus o Samos
(ganwyd tua 300 CC)

Seryddwr Groegaidd oedd Aristarchus ac roedd yn gweithio yn Alexandria. Ef oedd y person cyntaf i awgrymu bod y Ddaear yn symud o gwmpas yr Haul. Ceisiodd hyd yn oed fesur pellter yr Haul. Ei ateb oedd tua 8 miliwn kilometr. Hefyd eglurodd nad oedd y sêr yn ymddangos fel petaen nhw'n symud gan eu bod mor bell i ffwrdd. Ef eto oedd y person cyntaf i wneud hyn.

Hipparchus o Nicaea
(ganwyd tua 190 CC)

Roedd Hipparchus yn gweithio ar ynys Rhodos. Gwnaeth filoedd o fesuriadau manwl a chasgliad o tua 850 o sêr. Ond nid oedd y model o'r bydysawd a luniodd Hipparchus yr un a ddymunai'r Groegiaid. Claudius Ptolemi, seryddwr enwocaf y byd hynafol, a wnaeth hyn.

Claudius Ptolemi (ganwyd tua 100 OC)

Roedd Ptolemi'n gweithio yn ninas Alexandria. Defnyddiodd arsylwadau llawer o'r seryddwyr cynnar i adeiladu model Groegaidd o'r bydysawd. Mewn gwirionedd, oherwydd bod Ptolemi mor bwysig, anghofiwyd am nifer o'r seryddwyr a wnaeth y gwaith a ddefnyddiodd a chafodd Ptolemi y clod am y cyfan. Mae'n sicr iddo ddefnyddio mesuriadau Hipparchus wrth ysgrifennu ei lyfr pwysicaf, *Syntaxis mathematike*.

Daear gron

Dywedodd Ptolemi fod y Ddaear yn 'synhwyrol sfferigol'. Roedd ganddo dystiolaeth i gefnogi'r syniad hwn.
1. Nid yw sêr yn codi a machlud ar yr un pryd ym mhob man.
2. Gwelir eclips ar wahanol adegau mewn gwahanol rannau o'r byd.
3. Nid yw rhai sêr a welir yn y Gogledd i'w gweld yn y De.
4. Nid yw llong sy'n hwylio dros y gorwel yn mynd yn llai yn unig. Mae'r hwl yn diflannu'n gyntaf a phen yr hwyl yn olaf.

Cyfathrebu

Syniadau Ptolemi

● Eglurwch sut mae'r dystiolaeth uchod yn cefnogi syniad Ptolemi. Bydd lluniau o help.

1 Sut y gallai seryddwr a oedd yn credu bod y Ddaear yn wastad, geisio egluro'r arsylwadau hyn?

Y planedau a'r sêr

Roedd syniadau Ptolemi ynglŷn â'r planedau a'r sêr yn llai cywir. Roedd yn credu bod y sêr wedi eu glynu wrth sffêr fawr a oedd yn amgylchynu'r Ddaear. Symudai'r sffêr hon o gwmpas y Ddaear gan wneud i'r sêr symud.

Cafodd drafferth egluro symudiadau'r planedau. Yn awyr y nos, nid yw'r planedau'n symud gyda'r sêr bob amser. Maen nhw weithiau yn creu dolenni bach yn erbyn y cefndir seryddol. Eglurai Ptolemi hyn trwy ddweud bod gan y planedau eu sfferau bach gwydrog eu hunain. Roedd y rhain yn ffitio y tu mewn i sfferau'r sêr. Roedd pob planed yn symud mewn cylch ar draws arwyneb y sfferau hyn.

Roedd y Ddaear yn union yng nghanol sffêr y sêr ac nid oedd yn symud. Roedd y sfferau yn berffaith grwn gan mai'r nefoedd oedd cartref y duwiau ac roedd yn rhaid i bopeth o'u cwmpas nhw fod yn berffaith. Tybiai'r Groegiaid bod cylch a sffêr yn siapiau perffaith. Cyflwynodd Ptolemi dystiolaeth i gefnogi ei syniadau.

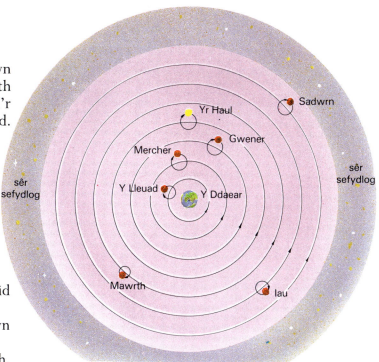

Darlun Ptolemi o'r bydysawd

1. Mae pethau trwm yn disgyn i'r Ddaear mewn llinellau syth. Roedd Aristotlys, athronydd Groegaidd tua 500 mlynedd ynghynt, yn mynnu bod pethau trwm bob amser yn 'disgyn tuag at y canol'. Rhaid oedd i'r Ddaear fod yn ganolbwynt neu byddai pethau yn disgyn oddi wrthi.

2. Petai'r Ddaear solid yn troi o'r gorllewin i'r dwyrain yna byddai'r gwyntoedd bob amser yn chwythu o'r dwyrain i'r gorllewin. Roedd yn amlwg nad oedd hyn yn digwydd.

2 Sut y byddai seryddwr modern yn egluro'r pwyntiau hyn? (Efallai y bydd diagramau o help.)

Ptolemi'r meddyliwr

Roedd Ptolemi yn feddyliwr mawr ond nid oedd cystal arbrofwr efallai. Mae rhai pobl wedi awgrymu mai rhai Hipparchus oedd llawer o'i arsylwadau. Weithiau mae Ptolemi yn cadarnhau data gan Hipparchus y gwyddom sy'n anghywir. Mae'n bosibl hefyd ei fod wedi dychmygu rhai arsylwadau i gefnogi ei syniadau ei hun. Fodd bynnag, cynhyrchodd fodel a oedd yn egluro llawer o arsylwadau'r gwahanol seryddwyr. Roedd y Groegiaid, mae'n amlwg, yn awyddus i'w gredu.

Llosgi'r llyfrgell

Roedd y Cristionogion yn meddwl bod damcaniaeth Ptolemi yn ganlyniad i hen draddodiad paganaidd. Roedden nhw'n meddwl ei fod yn anghywir ac yn beryglus oherwydd ei fod yn gwrth-ddweud y Beibl. Llosgwyd y rhan fwyaf o lyfrgell Prifysgol Alexandria (lle roedd Ptolemi'n gweithio) mewn tân tua 400 OC. Collwyd nifer o lyfrau gwerthfawr oherwydd (yn ôl y sôn) na wnaeth y Cristionogion lawer o ymdrech i ddiffodd y tân.

Pan ddaeth yr Arabiaid i feddiannu'r ardal 200 mlynedd yn ddiweddarach, cwblhawyd y gwaith. Llosgwyd nifer o'r llyfrau oedd yn weddill er mwyn gwresogi baddonau cyhoeddus y ddinas. Y tro hwn, barn rhai pobl oedd bod nifer o'r llyfrau Groegaidd yn anghytuno â'r Coran (llyfr sanctaidd y Moslemiaid). Yn ffodus, arbedwyd ychydig o waith Ptolemi. Cyfieithwyd hwn i'r Arabeg a'i alw'n 'almagest'.

YCHWANEGIADAU

1 Gwnewch fodel o fydysawd Ptolemi. Ceisiwch wneud model dau ddimensiwn i ddangos orbitau'r sêr ac un blaned o gwmpas y Ddaear. Gallech ddefnyddio siapiau cerdyn, a phinnau i nodi canol y sfferau.

2 Beth geisiodd y Groegiaid ei gyflawni nad oedd y Chineaid wedi ei wneud? Pam, yn eich barn chi, roedd hyn yn wahaniaeth pwysig?

19·9 Seryddiaeth heddiw

Roedd y Groegiaid a'r Chineaid hynafol yn meddwl nad oedd y bydysawd yn newid. Roedden nhw'n credu ei fod wedi aros yr un fath oddi ar iddo gael ei greu. Dim ond yn ystod y can mlynedd diwethaf mae'r syniad hwn wedi newid.

Y 'glec fawr'

Dyma un golwg modern ar hanes bywyd y bydysawd.

1 Dechreuodd y bydysawd fel talp bach o fater. Roedd yn fach iawn ac yn boeth iawn. Nid oedd deddfau synnwyr-cyffredin ffiseg yn addas ar gyfer y mater yn y talp.

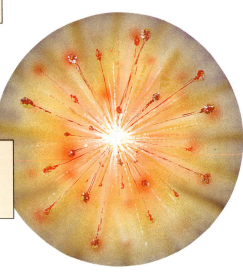

2 Ffrwydrodd y talp yn y 'glec fawr'. Cyrhaeddodd dymheredd anferthol. Eiliad yn ddiweddarach roedd wedi oeri i dymheredd o 10 000 miliwn °C. Roedd hyn yn dal yn rhy boeth i atomau ddal wrth ei gilydd.

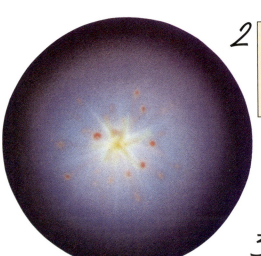

3 100 eiliad yn ddiweddarach roedd y tymheredd wedi disgyn i 1000 miliwn °C. Mae hyn cyn boethed â chanol y sêr poethaf. Ffurfiwyd yr elfennau hydrogen a heliwm.

4 Ychydig oriau yn ddiweddarach daeth y cynhyrchu hydrogen a heliwm i ben. Parhaodd y bydysawd i dyfu ac oeri am filiynau o flynyddoedd.

5

Yn y pen draw, gostyngodd y tymheredd i ychydig filoedd o raddau Celsius. Dechreuodd atomau eraill ffurfio. Roedd mwy o atomau mewn rhai ardaloedd nag eraill. Roedd tyniad disgyrchiant yr ardaloedd dwysaf hyn yn denu mwy o atomau. Roedd grymoedd anghytbwys yn aml yn achosi i'r casgliadau hyn o ddarnau ddechrau troelli; ffurfiwyd galaethau enfawr a oedd yn troelli.

Dechreuodd y sêr adeiladu elfennau newydd wrth i atomau daro ei gilydd. Yn y pen draw roedd rhai yn brin o danwydd hydrogen a heliwm. Canlyniad hyn oedd ffrwydrad anferth a gafodd ei alw'n uwchnofa. Roedd hyn yn taflu elfennau trymach allan i'r gofod. Byddai rhai yn creu mwy o sêr; eraill yn cyddwyso yn blanedau.

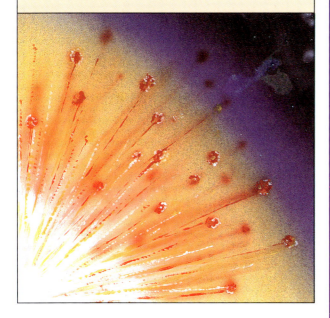

Dechreuodd y Ddaear fel pêl boeth o sbwriel uwchnofa. Wrth oeri, roedd y creigiau yn rhyddhau nwyon. Llwyddodd ffurfiau cyntefig o fywyd i esblygu yn yr atmosffer gwenwynig o fethan ac amonia. Dros filiynau o flynyddoedd, cafodd atmosffer y blaned ei newid gan y pethau byw a chafwyd y cymysgedd presennol o ocsigen a nitrogen.

Mae'r bydysawd yn dal i ehangu. Rhywbryd yn y dyfodol efallai y bydd yn arafu ac aros. Os bydd hyn yn digwydd, gallai grymoedd disgyrchiant ddechrau ei dynnu yn ôl at ei gilydd eto. Byddai'r sêr a'r galaethau yn rhuthro at ei gilydd i greu pelen fechan boeth iawn. Gelwir hyn 'y cywasgiad mawr'. Wedi hynny, pwy ŵyr beth allai ddigwydd . . .

Albert Einstein
(1879 — 1955)

Un tro, dywedodd bardd am Newton:
    Roedd Natur a'i deddfau mewn nos yn ymguddio:
    Meddai Duw, 'Bydded Newton!' ac fe ddaeth i'n goleuo.
Ychwanegodd bardd mwy diweddar:
    Ond meddai y Diafol ar ôl crafu ei ben,
    'Rhowch inni Einstein a dewch yn ôl i'r hen drefn'.

Ceisiodd Newton ddisgrifio'r bydysawd â deddfau synnwyr-cyffredin syml. Eglurodd Einstein nad oedd hyn yn bosibl. Mae ei ddamcaniaethau ef yn dangos nad yw amser yn treiglo mor gyflym ym mhob man. Mae'n arafach mewn roced gyflym nag ar y Ddaear. Hefyd mae màs roced sy'n teithio ar fuanedd agos at fuanedd golau yn fwy na màs roced lonydd. Rhagfynegodd Einstein fodolaeth y tyllau du— mannau lle mae disgyrchiant mor gryf fel bod pob peth, gan gynnwys golau, yn cael eu dal a dim yn gallu dianc. Einstein oedd gwyddonydd mwyaf yr ugeinfed ganrif a'i syniadau ef yw sylfaen llawer o'n ffiseg fodern.

Roedd Albert Einstein ei hun yn berson cymhleth. Roedd yn heddychwr a helpodd i ddatblygu'r bom atomig, yn Iddew nad oedd yn credu yn Nuw ac yn wleidydd a wrthododd y cynnig i fod yn arlywydd Israel.

Yn ystod y Rhyfel Byd Cyntaf ymgyrchodd yn erbyn y gwastraffu bywydau. Anogodd bobl i beidio ag ymuno â'r fyddin a chymerodd ran mewn streiciau a gwrthdystiadau. Collodd y bobl o'i gwmpas eu hamynedd. Ym 1933, daeth y Natsïaid i rym yn yr Almaen tra oedd Einstein yn darlithio yn yr Unol Daleithiau. Dywedodd na fyddai byth yn dychwelyd i'r Almaen. Aeth y Natsïaid i'w dŷ, dwyn ei gyfrif banc, a llosgi ei lyfrau yn gyhoeddus.

Yn ystod y rhyfel, teimlai fod yn rhaid iddo ymwrthod â'i heddychiaeth. Mewn llythyr at yr Arlywydd Franklin Roosevelt, mynnodd y dylai'r cynghreiriaid adeiladu bom atomig cyn i'r Almaenwyr wneud hynny. Cafodd ei ddychryn gan lwyddiant Project Manhattan (y project i adeiladu'r bom atomig cyntaf). Treuliodd weddill ei fywyd yn ceisio rheoli'r arfau newydd a ddatblygwyd yn sgîl ei waith ef ei hun. Wedi gweld effeithiau'r bom atomig, dywedodd, 'Petawn i'n gwybod y byddai wedi arwain at hyn, byddwn wedi bod yn wneuthurwr watsys'.

143

Mynegai

145

ECONOMICS OF SEA TRANSPORT AND INTERNATIONAL TRADE

TutorShip

Distance Learning Programme
of
The Institute of Chartered Shipbrokers

Shipbroker A person having one of several occupations, chartering agent or owner's broker, negotiating the terms of the charter of a ship on behalf of a charterer or shipowner respectively; sale and purchase broker negotiating on behalf of buyer or seller of a ship; ship's agent, attending to the requirement of a ship, her master and crew while in port on behalf of the shipowner, loading broker, whose business is to attract cargoes to the ships of his principal.

Published and Printed in England by
Witherby & Co. Ltd., 32-36 Aylesbury Street, London EC1R 0ET

Published for the Institute of Chartered Shipbrokers
First Published 2005

ISBN 1 85609 268 2

© Institute of Chartered Shipbrokers

WITHERBYS
PUBLISHING

British Library Cataloguing in Publication Data

Economics of sea transport and international trade	UNIVERSITY OF PLYMOUTH
1. Shipping – Economic aspects	
I. Institute of Chartered Shipbrokers	
387.5'1	**9007847742**
ISBN 1856092682	

Published and Printed by
WITHERBY & COMPANY LIMITED
32–36 Aylesbury Street,
London EC1R 0ET, England
Tel No. 020 7251 5341   Fax No. 020 7251 1296
International Tel No. +44 20 7251 5341   Fax No. +44 20 7251 1296
E-mail: books@witherbys.co.uk   Website: www.witherbys.com

[5838]